BLIOTHÈQUE DE BONS ROMANS ILLUSTRÉS

UN

CARNAVAL DE PARIS

PAR MÉRY.

Prix : 1 franc.

PARIS

DEGORCE-CADOT, ÉDITEUR

37, RUE SERPENTE, 37

UN CARNAVAL DE PARIS

PAR MÉRY

PROLOGUE.

I

A l'Ile Bourbon.

Dans nos pays du Nord, rien ne peut donner une idée d'un ouragan des zones tropicales.

Une nuit, les naturels de Sainte-Marie de Madagascar s'étonnèrent eux-mêmes, réveillés en sursaut dans leurs huttes, de l'épouvantable fracas qui retentissait dans les mornes et les pitons de leurs solitudes.

A travers les détonations de la foudre, les mugissements des rafales, des cataractes, des arbres et de la mer, on distinguait encore des bruits sinistres qui n'appartenaient pas au désordre de la nature tropicale.

Quand les oreilles interrogeaient avec une attention

inquiète, il semblait qu'au fond des abîmes de la mer, les terres invisibles s'insurgeaient comme aux premiers jours de la création, et perçant les épaisses couches de l'océan éclataient au-dessus des eaux en cratères volcaniques et préparaient au soleil du lendemain de nouveaux archipels d'écueils, des pics inconnus, des rochers fumants ou éteints.

Bientôt on entendit un battement d'avirons et le clapotement du flot contre la quille d'une embarcation qui s'échouait sur le sable.

La plage était déserte.

Quelques nègres descendirent sur la rive et s'assurèrent qu'il n'y avait personne qui pût les voir.

Averti par un cri qui se mêla au sifflement du vent, un homme enveloppé dans un manteau et ne laissant voir qu'un chapeau de marin, débarqua après eux et se plaça à leur tête.

Ils marchèrent mystérieusement vers les pentes inaccessibles, et disparurent dans les gorges avant le jour.

Le lendemain, à terre, on parlait diversement de l'ouragan et des retentissements qui avaient éclaté si formidables en mer pendant la tempête.

On apprit par des navires qui mouillèrent en rade dans la journée, qu'une rencontre avait eu lieu entre un bâtiment dont l'équipage était composé de nègres, et une frégate de la marine anglaise.

Selon toutes les apparences, le voilier surpris était destiné à la piraterie ou à la traite des noirs.

Il s'était intrépidement approché du vaisseau anglais, à la faveur de la nuit et de l'orage. Hélé par le porte-voix, il avait répondu par une bordée de ses six caronades et par une décharge de mousqueterie, puis il avait abordé l'ennemi en jetant ses grappins.

Alors commença une effroyable et sanglante mêlée ; on se battait corps à corps. Après un horrible massacre, ce qui restait de nègres avait été refoulé ; un seul homme demeura sur le pont de la frégate.

Ce dernier combattant était un blanc reconnu comme le chef de l'équipage noir.

Il se tenait sur le gaillard d'arrière, brandissant une hache malaise courte et pesante, qu'il maniait avec une prompte et surprenante adresse.

Pressé par la plus grande partie de l'équipage anglais, il n'avait point à craindre les coups de feu qui ne pouvaient que frapper ses agresseurs sans l'atteindre.

Il parvint à se préserver de toute blessure et à écarter les plus acharnés ; alors s'élançant d'un bond, il franchit le bord et se jeta à la mer.

Sur les deux navires, on croyait à la mort d'un pirate fameux, féroce et redouté qui, depuis quelques années surtout, avait inspiré une vive terreur à la navigation européenne dans tous les parages.

Tels étaient les faits qu'on tenait du navire anglais qui avait amarré sa prise.

Durant le trajet, quelques nègres captifs dans les entreponts réussirent à sauter à la mer et à détacher une embarcation, protégés dans cette manœuvre par la fatigue de l'équipage plongé dans le sommeil.

Ils avaient abordé dans une baie déserte de Sainte-Marie de Madagascar, où ils retrouvèrent leur capitaine, sauvé par miracle au moyen d'un débris flottant du navire qu'il avait si vaillamment perdu.

Celui-ci prit le commandement et la barre de l'embarcation.

Il conduisit les noirs à l'île Bourbon. Après les avoir accompagnés sur la plage, il les dirigea vers les mornes, où ils l'avaient prié de les mener, et il se sépara d'eux lorsqu'ils furent engagés dans les ravines.

Quelques jours après ces faits, on vit arriver à Saint-Denis, le chef-lieu de l'île Bourbon, un personnage inconnu.

On ne savait par quel moyen il avait pénétré dans la colonie.

Il se présentait d'ailleurs sous les apparences les plus propres à donner de lui une opinion favorable.

Il avait fait retirer à la douane quelques malles fort précieuses à en juger par leur poids ; pour les réclamer i

n'employa aucun nom ; il indiqua des marques particulières qu'il connaissait seul et qui prouvaient sa propriété.

Une petite habitation sur les bords de la mer avait été louée par lui, et il y était servi par un vieux matelot qu'il avait rencontré sur la rive et qui formait à lui seul toute sa maison.

Dans l'existence de ce nouveau venu, tout était mystérieux.

Chaque matin, il faisait acheter les provisions de la journée ; il les divisait en deux portions égales, il en prenait une et donnait l'autre au matelot avec une piastre pour boire, fumer et se divertir ; il fermait ensuite la porte, prenait la clef, et ne rentrait que le soir, à une heure indécise et qui n'était jamais la même.

Ses manières, sa mise et sa personne étaient remarquables par leur distinction.

Une particularité singulière étonnait ceux chez lesquels il envoyait faire ses achats : il payait avec des pièces d'or de tous les pays des deux continents.

Il parlait peu, ne voyait personne, et pendant toute la durée de son séjour, il ne reçut pas une seule lettre.

Il faisait de longues et fréquentes excursions dans l'intérieur de l'île et dans toutes les directions : allant seul, à pied ou à cheval, selon le chemin qu'il avait à parcourir.

Le soir, en rentrant, il faisait avec le vieux matelot, qui l'attendait toujours à la nuit tombante, la visite complète de la maison ; quelquefois il invitait le marin à fumer une pipe d'excellent tabac ou à boire une bouteille de rhum, ou un grog, ou un bol de punch qu'il apprêtait lui-même.

Il faisait beaucoup parler M. Pierre, comme il l'appelait, mais il ne prononçait pas une seule parole.

Le matelot couchait en travers de sa porte, en dehors.

Avant de se mettre au lit, le maître regardait dessous et fouillait toutes les cavités qui pouvaient servir à cacher un ennemi.

Il tirait d'une poche ouverte sur sa poitrine un portefeuille qu'il plaçait sous son chevet ; il visitait et armait ses pistolets armoriés, chargés et posés à sa portée, il mettait aussi sous sa main son poignard dont il prenait soin de tâter la pointe.

Cet homme était en proie à une préoccupation soucieuse et continuelle ; il semblait que son visage austère n'eût jamais connu le rire et la sérénité.

Ses traits anguleux et fortement accentués avaient même quelque chose de rude et de repoussant.

Son regard était vif, clair, fin et brillant ; sa physionomie expressive était animée par une surprenante intelligence.

Agé de trente-cinq ans, il était dans toute la mâle virilité de cette époque de la vie.

Dans ses promenades lointaines, il préférait la solitude, le silence, le désert et l'espace.

L'aspect de la nature lui causait des émotions et des impressions qui allaient jusqu'à l'extase, jusqu'au ravissement !

Les courses qu'il entreprenait chaque jour n'avaient cependant point pour motif une satisfaction frivole ; il y avait dans ses recherches accomplies avec tant de fatigues, un intérêt présent et un but prochain.

Il fallait croire que cette pensée était élevée, il la poursuivait tête haute et d'un pas ferme et résolu.

Souvent il pénétrait dans les profondeurs des forêts, c'était là qu'il devait rencontrer ce qu'il cherchait avec tant de persévérance, et par de sûrs indices, il venait de connaître qu'il touchait à la fin d'une entreprise dont il avait seul le mot.

Un matin, le matelot qui avait la consigne de ne laisser arriver personne jusqu'à son maître, présenta à celui-ci un panier de bambou plein de bananes de la plus grande beauté, apporté par un esclave qui refusait de dire d'où il venait et qui l'avait envoyé.

— Donne-lui une piastre, dit-il au matelot.

— Je lui ai proposé le prix de sa course, il l'a refusé ; pourtant il vient de loin ; il a l'air bien fatigué.

— Alors, fais-lui boire quelques verres de notre vieille eau-de-vie de France, ça le remettra... Je parie qu'il ne refusera pas... Laisse-moi seul et renvoie le nègre le plus tôt possible.

Par un pressentiment intime, celui auquel ce présent était adressé chercha dans cet envoi un symbole, un sens caché et une signification mystique.

Il examina chaque fruit l'un après l'autre, les ouvrit, en fouilla les pulpes sans y rien trouver.

Au fond du panier, autour d'une banane, de celles qu'on appelle du paradis, était enroulé comme un anneau de jais un petit serpent noir qui se mordait la queue.

Après une longue tension d'esprit, l'homme parvint à s'expliquer ce mystère ; il lui parut que le serpent qui se mord la queue formant un cercle qui n'a ni commencement ni fin, était l'emblème de l'éternité.

C'est un emblème indien : le serpent noir signifiait donc que les noirs restaient éternellement attachés à leur dessein de secouer l'esclavage.

A défaut d'explication plus certaine, il s'arrêta à celle-là qui lui semblait avoir la bizarrerie malicieuse du génie esclave.

Il appela le matelot par un coup de sifflet, selon l'usage du bord.

Le matelot accourut.

— Le nègre est-il parti ? a-t-il bu ?...

— Oui, cap'... oui, maître, il s'en est allé ivre.

— Appelle-moi capitaine, si tu veux... tu ne te trompes peut-être pas autant que tu le crois... Écoute-moi, et fais bien tout ce que je vais te dire.

— Maître, je vous suis dévoué.

— Aujourd'hui nous ne ferons pas de provisions, je te donnerai de quoi te régaler. Ne t'étonne pas si je rentre fort tard ce soir, si même je ne rentre pas du tout... Si mon absence se prolonge, tu trouveras dans mon secrétaire, dont je n'ôte jamais la clef, des lettres. Sais-tu lire ?

— Non.

— Tant mieux !... Retiens donc bien ceci : demain, à midi, si je ne suis pas rentré, ou si l'on me rapporte mort...

— Oh ! mon Dieu !

— Cela est possible ! tu prendras toutes ces lettres, sans les ouvrir, sans les laisser toucher par personne, et si tu le peux sans que nul regard ne les examine. Puis tu les porteras chez le gouverneur de la colonie, et tu les lui remettras toi-même, à lui seul, et sans perdre un instant.

— Et après cela ?

— Tu retourneras à la maison, et tu attendras ses ordres.

— C'est bien... Je ferai tout ce que vous venez de me recommander, mon cher maître ; mais...

— Mais ?...

— Revenez... Sans vous, que deviendra le pauvre vieux matelot que vous avez recueilli ?... Et puis... si j'osais vous aimer, je vous aimerais tant !

Ici, il y eut un moment de silence ; le vieillard pleurait, et le maître lui dit d'une voix émue :

— N'aie pas peur, mon vieux camarade ; j'ai tout prévu.. Va chercher une bouteille de vin de Madère, celui qui a trois fois doublé le cap avec moi ; nous mangerons ensemble ces bananes et tu me conteras de tes vieilles histoires. J'ai besoin de calme et de force... Tu rempliras ma grande gourde de l'eau-de-vie que vous avez si bien fêtée aujourd'hui.

Le vin de Madère fut apporté.

Le maître but avec modération et ne toucha qu'à quelques fruits ; il voulut rester seul.

Il écrivit plusieurs lettres qu'il ferma et cacheta sans les relire ; pendant ce travail, sa plume avait couru convulsivement sur le papier.

Il prit quelques heures de repos sur un de ces fauteuils chinois faits en bambou, sans clous, sans autre matière, et par les plis et les enlacements de tiges de diverses grosseurs.

Ces meubles sont d'un travail exquis de grâce et de légèreté.

Un train de coulisse, placé dessous, s'étend et les allonge.

Les Chinois s'en servent pour les raffinements de leur sensualité indolente.

Les travaux venaient de cesser, la nuit tombait d'un ciel tout scintillant d'étoiles, lorsque le mystérieux observateur quitta sa modeste habitation.

Il portait à sa ceinture une paire de pistolets ; son poignard était caché dans son sein, sa gourde pendait en bandoulière à son côté.

Il avait mis une poignée d'or dans chacune de ses poches.

En traversant la première zone intérieure, celle du travail et de la civilisation, qui borde le rivage de l'île dont la ferme est presque ronde, il vit dans l'ombre naissante plusieurs esclaves qui, au lieu de s'endormir sur la natte de l'ajoupa, marchaient ou plutôt se glissaient, chacun de son côté, rampant comme le boa, écoutant comme l'autruche, traversant les barrières et les obstacles sans se plaindre des douleurs de cette voie hérissée de pointes et d'épines qui déchiraient leurs pieds.

Il en suivit deux qui marchaient de conserve, en prenant lui-même des précautions continuelles et attentives, afin de ne pas être vu.

Il arriva ainsi jusqu'au carrefour le plus épais d'une forêt impénétrable et dans le fourré de laquelle il n'avait pu avancer qu'en passant après ceux qui marchaient devant lui, par les ouvertures qu'ils pratiquaient en brisant les branches.

En cet endroit, une véritable salle de verdure, haute et spacieuse, était formée par un rond de mimosas, arbres de la famille des sensitives.

Des torches fichées en terre et formées de branches résineuses éclairaient ce lieu, dans lequel étaient réunis une trentaine de noirs.

Un tiers seulement de ce nombre appartenait aux habitations de la colonie ; les autres étaient des nègres *marrons*, venus des montagnes, leur refuge habituel.

Il y avait des individus qui reproduisaient des types de presque toutes les races noires : ce que l'on pourrait appeler des nègres de toutes les couleurs.

Plusieurs descendaient des différentes espèces qui existent à Madagascar.

Le plus âgé de la troupe désigna ceux qui comptaient le plus d'années après lui, pour se placer à ses côtés, et les autres membres de ce singulier conseil se rangèrent ensuite pêle-mêle.

Le président, qui s'était improvisé lui-même, était l'objet d'une vénération qui semblait lui rappeler d'anciens hommages : il avait l'air d'un vieux chef qui retrouvait des hommages perdus.

Une fois qu'il eut donné le signal de la discussion, ce fut une confusion de cris, de clameurs, de contorsions, de fureurs, de bruits et d'extravagances dont rien ne peut donner une idée véritable.

Celui qui contemplait ce spectacle qu'il devait à une divination et à un message dont il ne connaissait pas l'auteur, était obligé de se tenir à l'écart et à une distance assez éloignée pour que la clarté des torches ne trahît pas sa présence.

Cependant, il s'était placé de manière à être à même de tout voir et de tout entendre.

Les trente nègres, à peine vêtus, étaient accroupis en rond dans la posture d'ouvriers tailleurs ; ils se contentaient de parler toujours sans jamais écouter : les mœurs parlementaires sont dans la nature.

Pendant que les uns criaient à tue-tête pour se faire entendre, les autres chantaient, hurlaient et riaient, faisant mille singeries avec leurs mains et leurs doigts, ou bien d'autres grimaces de quadrumanes civilisés.

Si un d'entre eux parvenait à dominer l'attention des autres, c'était une pantomime, la plus grotesque, la plus amusante qu'on pût imaginer.

Pendant que l'un pérorait, l'autre faisait les gestes, quelquefois à contre-sens, mais le plus souvent avec une intel-

ligence sauvage et poussée, selon la circonstance, jusqu'à la plus horrible expression.

Ce qui frappa le plus l'auditeur unique de cette discussion, ce fut la façon dont les nègres toujours expriment leurs pensées par une application personnelle.

En les entendant on dirait que l'égoïsme est au fond d ce instincts primitifs de l'homme.

Tous, quand ils parlent, semblent achever une conversation commencée avec eux-mêmes.

Chacun se plaignit donc d'abord de ses propres souffrances.

Ce n'était pas assez pour eux de faire l'énumération des douleurs de l'esclave sous le joug : l'un après l'autre rappela les tortures qu'on lui avait infligées, en l'arrachant à *la grande terre, celle où j'ai tout laissé*, ajoutait-il avec désespoir.

Il y avait des récits lamentables, d'épouvantables souvenirs, et aussi des narrations dont le drame sanglant et cruel brisait le cœur.

Puis en revenait incessamment aux rigueurs du maître ; mais il se joignait à ces griefs un sentiment d'envie et de haine, par l'accablante comparaison du bien-être du maître et des misères de l'esclave.

Après les accusations reparurent la justification et la défense.

On châtiait l'esclave comme étant paresseux et gourmand ; mais c'était parce que la dureté et l'avarice du maître lui mesuraient avec trop de parcimonie la nourriture, le repos et le sommeil.

La série des peines, des tourments et des supplices était ensuite passée en revue avec des cris d'angoisse et de fureur.

D'autres, avec une furie rugissante, exposaient les atrocités de la traite et les détestables abominations auxquelles était en butte la marchandise humaine.

Toutes les phrases se terminèrent par des imprécations contre les blancs, et des anathèmes proférés de ce ton rauque et traînant qui, chez le nègre irrité, ressemble aux miaulements du tigre et aux glapissements de la hyène.

A ces larmes, à cette affliction, à ces effusions si proches de la sensibilité, succédaient inopinément des accès de fou rire, des éclats insensés, des trépignements, des bonds, des sauts, des gambades et des évolutions inconcevables qui entraînaient toute l'assemblée dans un tourbillon et à des ébats grotesques, sans qu'aucun de ceux qui s'agitaient dans cette trombe connût les causes soudaines de ce bouleversement.

Après cette scène d'un comique hideux, on s'occupa d'adopter une résolution.

La chose était impossible dans une telle turbulence et dans un pareil désarroi. Les sens et les idées étaient également éperdus, dans ce chaos de barbarie, de démence, de brutalité et de repoussante ignorance.

Pourtant, on ouvrit les avis.

La révolte fut proposée.

Elle fut accueillie avec de furibondes acclamations.

Mais chez les nègres les inspirations généreuses n'ont point de durée ; on renonça donc bientôt à cette démonstration périlleuse ; les plus impatients à l'accepter se montrèrent, comme cela arrive parfois chez nous autres blancs, les plus empressés à la refuser.

La moitié de la bande déclara naïvement qu'elle craignait d'être trahie et vendue par l'autre.

Rien ne put rallumer le premier enthousiasme, sitôt éteint !

Les résolutions ne firent que fléchir et se traîner chancelantes et incertaines sans pouvoir faire un seul pas en avant.

Et après quelques nouvelles et ridicules forfanteries, une partie murmurait un mot de soumission, un mot qui exprimait dans leur bouche une défaite sans combat. Abattus et terrassés sous une destinée implacable, ils disaient :

— Patience !

Tandis que les plus intrépides se préparaient à fuir dans l'ombre.

Quand vint le moment de se séparer, nul ne paraissait plus songer au motif qui les avait rassemblés dans ce lieu.

Les plus jeunes et les plus exaltés se répandirent dans la forêt, coupèrent des branches, abattirent des arbres tout entiers, colosses qui tombaient avec fracas et en portant au loin le bruit de leur chute.

Ils élevèrent un immense bûcher auquel ils mirent le feu avec les torches flamboyantes et dans une ronde satanique, à laquelle tous prirent part avec de furibondes convulsions, comme ces esprits malfaisants, ces monstres difformes tant de fois invoqués par leur croyance natale.

Ils traversèrent en bondissant le brasier enflammé, le feu dispersé s'éteignit.

De ce double incendie de la parole et du bûcher, il ne resta que de la fumée, des cendres et des esclaves s'échappant dans l'ombre et courant reprendre leurs chaînes sous la crainte du châtiment.

Le personnage qui croyait être le seul témoin de ces scènes, dont le dévergondage avait réalisé sous ses yeux, dans ce sabbat des esclaves, les plus énormes enfantements des imaginations déréglées et perverties, s'aperçut qu'il avait eu un compagnon maître de son secret et de sa vie.

Au moment où il venait d'ajouter à la frayeur des fuyards en lâchant ses deux coups de pistolet, afin de leur faire croire que les détachements étaient à leur poursuite, un nègre de haute stature, mais dont le corps difforme et la laideur sans égale le faisaient ressembler à un cyclope, posa rudement sa main sur son épaule avec un rire féroce.

— Vous croyiez être seul, capitaine ? lui dit cet être horrible ; je vous ai vu entrer dans la forêt, et, depuis ce moment, je ne vous ai plus quitté.

Sous cette parole stridente, et qui avait le ton d'une menace, la fermeté de celui auquel ces mots étaient adressés sembla fléchir.

— Je reconnais votre voix, dit-il, mais je ne me rappelle ni votre nom, ni vos traits.

Le nègre se pencha à l'oreille de son interlocuteur, dont il serrait le bras dans une étreinte de fer.

Il murmura quelques mots et le regarda avec une joie diabolique en lui disant :

— Me reconnaissez-vous, maintenant ?

Le personnage tressaillit.

— Oui, capitaine, je me rendais à cette réunion ; mais j'ai pensé que ma présence vous contrarierait et vous gênerait, et j'ai désiré en attendre la fin.

Celui qu'on interpellait gardait le silence.

— Je sais que vous étiez à Bourbon ; je vous ai rencontré un jour dans la savane, j'ai cherché et trouvé votre demeure... C'est que nous avons un terrible compte à régler ensemble.

Et ses prunelles dardaient des lueurs sanglantes.

Il continua avec une ironie particulière aux nègres :

— Je suis *marron*, je me suis sauvé de chez le colon auquel m'a cédé le négrier à qui vous m'avez vendu après m'avoir promis une liberté... que j'avais si bien gagnée à votre doux service... n'est-ce pas ?

Et il ricana atrocement.

A cette raillerie insultante et qui semblait être le signe d'une attaque, celui que le nègre persistait à contenir, se dégagea de cette étreinte sans difficulté et par un seul mouvement.

Il mit le poignard à la main et rompit en arrière pour se mettre en garde.

Le nègre bondit comme un chacal blessé ; il allait s'élancer sur le capitaine, lorsque l'on entendit dans le taillis un bruit encore lointain qui s'arrêta.

— Je ne me trompe pas, dit-il, ce sont les chasseurs d'hommes des détachements ; en vous voyant avec un *marron* qu'ils cherchent depuis si longtemps, ils ne vous feraient pas plus de quartier qu'à moi. Chaque peau d'homme vivant pris en flagrant délit ou en complicité de marronage, leur vaut trois piastres... Et je ne sais pas si votre peau blanche ne serait pas payée plus cher que mon cuir noir, comme disent ces hommes acharnés à notre perte, dans un vil intérêt. Suivez-moi.

Ils montèrent ensemble sur le rocher et redescendirent ensuite dans une grotte qu'il était impossible de découvrir sans la connaître.

Cet abri était paré avec un goût et une intelligence qui avaient tiré des simples richesses de la nature toutes les ressources qu'elles pouvaient offrir.

Les parois du roc étaient tapissées de mousse et de plantes grimpantes qui recouvraient les murailles et le plafond de leurs fleurs pourpres et de leurs larges feuilles vertes.

Sur le sol s'étendait une natte et une autre servait de lit à l'esclave libre, comme à celui qui était courbé sous le joug.

Quelques meubles rustiques, façonnés avec art, élégants et commodes, se trouvaient dans cette retraite, où tout ce qui la parait était l'œuvre de l'esclave.

La seconde nuit qu'il passa hors de l'habitation, le *marron*, à travers des périls et des obstacles sans nombre, se rendit à la ville et se procura un fusil, de la poudre et du plomb, et plus tard, avec le prix de sa chasse qu'il vendait secrètement, il acheta des outils, quelques ustensiles, et il s'arrangea cet asile, dans lequel il avait passé deux ans depuis sa fuite.

— Capitaine, lui dit-il, l'isolement de cette vie, qui ressemble à celle de l'animal dans sa tanière, me fatigue, et, pour tout au monde, je voudrais en finir avec cette triste situation. Il y a des instants où je préférerais me livrer à ceux qui me cherchent et affronter le châtiment cruel qui m'attend.

— Je ne puis rien faire pour toi dans la colonie, dit le capitaine, je n'y connais personne.

— Il me semblait pourtant que la Providence ne vous a point ramené vers moi pour m'abandonner encore une fois.

— Je conviens, mon cher... Comment t'appelles-tu ?

— Barbaro. J'ai conservé le nom que vous m'avez donné, je l'ai bien mérité.

— J'ai été injuste, ingrat envers toi, mais j'ai cédé à une impression dont je ne pouvais me défendre.

— Je vous faisais horreur !

— Tu étais pour moi comme un remords vivant, depuis cette fatale journée dont je ne peux perdre le funèbre et horrible souvenir.

— Vous avez été la tête ; je n'ai été que le bras et je souffre autant que vous. Aujourd'hui, capitaine, votre vie a été entre mes mains ; j'ai pu, comme un lâche assassin, vous frapper par derrière... J'en ai eu la pensée en me souvenant de tout le mal que vous m'avez fait. J'ai voulu vous parler avant de me venger ; je n'ai plus éprouvé près de vous que mon ancienne affection et ce dévouement dont je vous ai donné tant de preuves.

La nuit, ajouta-t-il, est trop avancée pour que vous puissiez retourner à Saint-Denis ; passez la nuit ici, ce sera pour moi un heureux présage.

Le capitaine consentit d'autant plus volontiers à cette proposition, que Barbaro pouvait l'instruire sur ce qu'il voulait savoir, et lui faire connaître les dispositions des esclaves de la colonie.

D'après ce que le marron lui avait fait entendre au commencement de son récit, ce ne pouvait être que lui qui lui avait envoyé les bananes hiéroglyphiques.

L'arbre à pain de l'Océanie, naturalisé dans ces contrées et qui était fort abondant, fournit les premiers éléments du souper. La substance farineuse du fruit de ce végétal offre un aliment plus appétissant que le plus beau pain ; le cœur donne une liqueur blanche qui peut servir de boisson.

Un chou palmiste, un perroquet rôti, le vin du palmiste, préférable à celui du cocotier, donnèrent à ce repas une saveur et un attrait qui rappelaient à l'hôte du nègre les plus douces habitudes de ses longues navigations.

Ils soupèrent à la lueur d'une lampe façonnée avec l'écorce du coco, allumée et éclairant par l'huile tirée de la lampe et par une mèche formée par l'étoupe qui entoure sa noix.

La vaisselle se composait de tasses en écaille de coco et en bambous armés d'os pointus ou tranchants, servant de couteaux et de fourchettes.

Des fraises, fort abondantes à l'île Bourbon, et l'eau limpide d'une source ajoutèrent au charme de cette hospitalité.

Le capitaine se jeta sur sa natte, lassé par les émotions du jour, mais sans pouvoir trouver ni repos, ni sommeil.

— Barbaro, cria-t-il, dors-tu ?

— Non, capitaine, pas plus qu'auprès de vous, à bord, sur le banc de quart.

— Eh bien, causons !

— Je vais éteindre la lampe.

— Pourquoi cela ?

— Parce qu'il me semble que nous causerons plus à notre aise sans nous voir.

— C'est possible !... occupons-nous d'abord de toi, je veux te sauver... De quelle habitation t'es-tu évadé ?

— De celle de M. de la Bienvenue, un cruel planteur !... Et puis, voyez-vous, capitaine, lorsque j'étais en mer, je ne me croyais pas esclave à votre service ; d'ailleurs, sur un vaisseau, n'est-on pas tous dans la même prison ?

— C'est vrai ! J'ai des lettres de crédit sur M. de la Bienvenue, je le verrai prochainement, et je pense que je pourrai arranger ton affaire, en lui proposant de t'acheter. Je te laisserai libre pendant le temps que je passerai dans l'île ; nous retournerons ensemble sur le continent, et je t'engage ma parole de te lâcher au premier port... D'ailleurs, j'ai besoin de toi. Es-tu disposé à me servir ?

— Oui.

— Je te crois. Dis-moi d'abord quelles sont les dispositions des esclaves de la colonie... C'est là le but de mon voyage.

— Est-ce que vous voudriez faire de l'île Bourbon un nouveau Saint-Domingue ?

— Pourquoi pas ?

— Capitaine, dit fièrement le marron, il n'y a qu'un noir qui puisse entreprendre cette œuvre d'indépendance... Il faut que, comme Dessalines, il puisse dire... « Je ne distingue mes amis qu'à ma couleur, » et exterminer tout le reste, blancs et mulâtres.

— Y a-t-il parmi vous un homme capable de cette résolution ?

— Non.

— Les blancs sont-ils puissants ?

— Non ! ils sont riches et faibles.

— Les noirs sont-ils forts ?

— Non, ils sont ténébreux et lâches, vous avez pu en juger cette nuit.

Il y eut une pause. Chacun attendait que l'autre renouât l'entretien.

Ce fut le capitaine qui reprit :

— A quoi sont-ils donc bons tes nègres ?

— A quelque échauffourée de nuit, au pillage, à l'incendie ; puis, le lendemain, aux coups de bâton, aux fers et aux supplices.

— La première tentative à Saint-Domingue fut commen-

cée par quatre cents nègres et mulâtres armés ; ils reculè-
rent aussi, et ce début n'aboutit qu'au renvoi du consul de
Port-au-Prince, qui s'était mêlé de cette émeute : on l'expédia en France.

— Je ne demanderais pas mieux que d'en faire autant
pour ceux-ci.

— On pendit deux colons et un mulâtre.

— Très-bien !

— Et l'on fit grâce aux autres.

— Encore mieux !

— Et pour cette fois le calme fut rétabli.

— Oui, mais plus tard...

— Plus tard, le fer et le feu, l'incendie, le meurtre, la
destruction ont chassé et exterminé les Français. Les nègres
devinrent maîtres de la partie espagnole, et Saint-Domingue a repris le nom d'Haïti.

— Où voulez-vous en venir, capitaine, en rappelant ces
faits ?

— Je n'ai rien à ajouter.

Ici il y eut une nouvelle interruption plus longue que la
première : ce fut le *marron* qui rompit le silence.

— Il y a bien quelque chose sous jeu... Vous ne dites
rien, capitaine ?

— J'écoute.

— Il est dans la colonie un homme exercé... c'est...

— Je ne veux pas savoir son nom...

— Parce que vous l'avez deviné. Je continue : nous avons
résolu d'aller une de ces nuits lui faire une visite.

— Ah !

— Est-ce que cela vous étonne ?

— Non... Sera-ce bientôt ?

— Quand je voudrai.

Le jour, qui paraissait, mit fin à la conversation.

Ils se levèrent, et le premier regard qu'ils échangèrent
entre eux fut plein de défiance ; cependant, un œil exercé
eût pu découvrir dans leur air une intelligence néfaste, celle
des maudits.

La gourde du capitaine servit au coup du matin ; il s'é-
loigna.

Ces deux hommes ne se séparèrent qu'après avoir pris
des mesures pour se revoir lorsqu'ils auraient besoin l'un
de l'autre.

Les pensées qui occupaient leur esprit étaient aussi
diverses que les vœux qu'ils formaient.

Le capitaine attendait du *marron* la fortune, et le *marron* attendait du capitaine la liberté.

Il était onze heures et demie lorsque le capitaine revint
à Saint-Denis.

Il trouva le vieux matelot triste de voir se prolonger ainsi
son absence, et qui depuis le soir comptait les minutes.

La joie de retrouver son maître revenu sain et sauf, lui
fit promptement oublier la longue et pénible agonie de cette
attente mortelle.

Cet événement imprévu de la rencontre du *marron*, ce
terrible confident que le hasard avait donné au capitaine,

rejetait violemment celui-ci dans une vie d'aventures qu'il
voulait enfin terminer.

Il y avait au monde quelqu'un qui savait que le capitaine Roch n'avait point péri dans les flots, comme on le
croyait.

Les nègres, échappés au massacre de l'équipage, semblaient avoir quitté Bourbon pour chercher à gagner la
grande terre ; il n'en avait pas vu un seul au sabbat.

Barbaro pouvait donc être regardé comme le seul ins-
truit de ce mystère si subitement percé à jour.

Instrument d'une influence fatale, il devait payer cher la
terreur que sa seule présence avait causée au capitaine.

Afin de se préserver contre toute indiscrétion qui pouvait ruiner ses dernières chances de succès, il redoubla autour de lui les ténèbres, et épaissit la nuit dans laquelle il
marchait enveloppé.

La consigne de sa demeure devint plus stricte ; il sortit
moins et se renferma dans sa retraite, semblable à l'escar-
got que le danger fait rentrer dans sa coquille.

Ce fut dans les sombres inspirations de cette solitude
qu'il conçut une trame conseillée par l'enfer.

Huit jours s'étaient écoulés depuis l'excursion dans la
forêt.

Le capitaine se rendit à l'habitation de M. de la Bienvenue, et lui demanda un entretien, en annonçant qu'il était
porteur de lettres de crédit et de recommandations des correspondants du colon à Nantes.

Il était adressé à ce dernier sous le nom du baron de
Penmarck, un des fiefs de sa famille, et comme quelqu'un
qui avait l'intention de se livrer à d'importantes opération
avec les Indes.

Par ces précautions, le capitaine Roch ne se révélait pas.

M. de la Bienvenue le reçut avec une haute bienveillance ; il pensa dans sa vanité que le titre nobiliaire donné
au baron l'autorisait à prendre avec ce gentilhomme des
airs de familiarité, ainsi que les gens de naissance font entre eux.

Le capitaine sourit à ces ridicules prétentions, avec une
ironie si discrète et si polie que M. de la Bienvenue s'aperçut du peu de succès qu'avait eu le ton cavalier qu'il avait
pris.

Cette mortification dont il ne pouvait se plaindre lui fut
d'autant plus sensible par cette contrainte même, et dès ce
moment il conçut contre l'homme qui venait d'humilier son
orgueil une haine implacable.

Et qu'eût donc dit le superbe colon, s'il eût su que celui
contre le dédain duquel se révoltait sa fierté, connaissait le
mensonge de son nom, ne voyait dans lui que le fils du
pâtissier Bienvenue, si connu à Bordeaux dans le quartier
des Chartrons ?

Cet homme avait épousé la comtesse d'Enterre sous cette
fraude qui, lorsqu'elle la connut, fut un des plus vifs chagrins de cette noble femme.

Au lieu du nom d'emprunt sous lequel elle s'était mé-
salliée, elle voulait reprendre le nom de son beau-père.

La comtesse était une noble femme, qu'un duel dans le-

Ils y mirent le feu. (Page 10.)

quel son mari, officier de mousquetaires noirs, tua son adversaire, força à se retirer à l'île Bourbon, dont son oncle était gouverneur en 1787, deux ans avant l'assemblée des États-Généraux.

Elle sauva toute sa fortune et celle de son mari; celui-ci, quelques années après son arrivée aux colonies, mourut de la fièvre jaune, laissant à sa veuve un fils en bas âge.

L'éducation de cet enfant, l'héritier d'un nom illustre, enlevant à sa mère le temps de gérer la fortune de son fils et la sienne propre, elle consentit à épouser M. de la Bienvenue, afin qu'il s'occupât de ce double soin.

A cette époque, on était peu curieux de noblesse; elle accepta la main de ce bourgeois, croyant, sans autre examen, s'unir à un homme né.

Après un an de mariage, elle avait mis au monde une fille dont la naissance lui avait coûté la vie.

C'était Anna, la sœur utérine de Raoul, enfants unis dans le sein d'une mère commune sans être issus du même père.

Le capitaine parla d'abord au planteur de l'affaire de Barbaro, l'esclave *marron*.

Le planteur consentit d'abord à rire de ce qu'on lui dit de ce fuyard.

— C'est un misérable que j'abandonne à la justice et au châtiment qu'il a mérité. Nos hommes des détachements sont de fins limiers, et pour dépister les *marrons* ils ont des chiens plus habiles qu'eux; il ne leur échappera pas... J'ai

même lieu de croire, d'après certains documents qui me sont parvenus hier, que l'on est sur sa trace.

— Si je vous payais sa rançon?

— Je ne tiens pas au prix de ce fugitif... et il ne serait pas de ma loyauté de vous vendre un esclave que je ne suis pas sûr de pouvoir vous livrer.

— Je me charge d'en prendre livraison moi-même.

— Vous tenez donc bien à ce mauvais drôle, qui mange comme quatre et qui ne travaille que comme un?... Je sais qu'il a été au service d'un pirate que son atrocité a rendu tristement célèbre... le capitaine Roch, dont on m'a annoncé dernièrement la mort, en me racontant une exécrable action de ce forban, à laquelle le nègre à qui vous paraissez tant vous intéresser, aurait pris une horrible part. . Qu'il n'en soit donc plus question entre nous... N'aviez-vous point à me parler d'affaires?

— Non, monsieur, celle-là me tenait à cœur, parce que j'ai lieu de croire aux bonnes résolutions de cet homme, qui m'est d'ailleurs recommandé par une famille puissante, celle du comte d'Elbin, dans la maison duquel son frère sert à Paris.

— Je suis fâché de vous refuser et de désobliger M. le comte d'Elbin, mais, nous autres colons, il est des principes sur lesquels nous sommes inflexibles.

— Je n'insiste plus.

— Causons de vos lettres de crédit.

— Je n'en ferai pas usage, répondit sèchement le visi-

BELIN

Anna portait une simple robe. (Page 11.)

teur... Je vais les renvoyer ce soir même à vos correspondants.

— Je crains que cela ne produise un mauvais effet pour vous et pour moi, répliqua le colon embarrassé; mais je ne cèderai pas.

Ils se saluèrent en souriant.

Ces deux hommes se haïssaient cordialement.

Tout favorisait les desseins du capitaine.

Malgré la mauvaise humeur qu'il avait montrée dans son entretien avec le colon, il était fort satisfait que la conversation eût pris cette tournure.

Il expédia le soir même un messager discret, l'ancien *matelot* du vieux marin qui le servait, fidèle à cette amitié de bord, avec un dévouement religieux.

D'ailleurs, en lui indiquant l'endroit où il trouverait l'esclave *marron*, il n'avait d'autre instruction que celle de lui répéter ces quelques mots :

— On vous attend là-bas.

Cet envoyé partit la nuit, et le lendemain matin il était de retour, annonçant l'arrivée de Barbaro pour la nuit suivante.

Le nègre tint parole; il fut à Saint-Denis avant minuit; il avait pris des chemins détournés et impraticables, que les *marrons* connaissent presque seuls.

Barbaro était avant toute chose impatient de connaître son sort.

Le capitaine ne lui cacha point que le colon avait refusé toute proposition, et lui avait même assuré que l'on était

sur ses traces et qu'il ne pouvait point échapper longtemps à ceux qui le poursuivaient.

— Je suis fâché, ajoutait-il avec le ton d'un vif intérêt, d'avoir vu repousser toutes mes offres, même celle de payer ta rançon à quelque prix que l'on prétendit y mettre. M. de la Bienvenue pousse contre toi la haine jusqu'à la fureur, et il n'a voulu rien entendre. Il ne répondait à toutes mes instances que par de nouvelles menaces.

— Haine pour haine! comme jadis dent pour dent et œil pour œil! s'écria le *marron* dans un état d'irritation difficile à décrire; nous verrons lequel des deux, du planteur énervé, voluptueux et indolent, ou du nègre altéré de vengeance, sera le plus prompt à frapper.

Et, se levant de sa chaise, il bondit de fureur, en lançant sur le colon et tous les siens une imprécation solennelle, et dont l'écho formidable eut de quoi réjouir les puissances du mal, dont ce sombre géant semblait un émissaire.

Pour en finir avec cette folie furieuse, le capitaine fit servir le souper.

Le nègre mangea avec une gloutonnerie vorace; il but à outrance : il semblait vouloir, par cette satisfaction brutale, calmer le choc moral qui l'avait si rudement secoué.

Au sortir de table, ce n'était plus qu'une masse inerte; on le roula inanimé sur sa natte, et bientôt ses ronflements ébranlèrent la frêle habitation.

Le vieux matelot le comparait à une baleine échouée sur la plage.

Malgré cette ivresse, le *marron* se leva avant le jour, fit ouvrir la porte et partit sans réveiller le capitaine.

Ce départ silencieux parut être un indice de persévérance dans de funestes desseins.

Le capitaine jugea que le moment était venu de veiller avec plus d'attention aux événements qui s'avançaient, et dont sa pensée entendait le pas lointain.

Il fallait agir activement, mais avec prudence, et surtout sans se montrer avant le moment décisif.

Il fit passer au gouverneur et au colon un avis secret, par lequel il les instruisait des projets des noirs de la montagne, en leur donnant le conseil de se tenir sur leurs gardes; le péril était proche.

Il se procura l'état exact des forces militaires de la colonie, et celui du nombre des esclaves de l'habitation, pour connaître les forces dont il pouvait disposer.

Chaque matin, il allait seul dans la savane écouter le bruit que les vents lui apportaient, et sitôt qu'il croyait entendre quelque rumeur, il se couchait à terre et appliquait son oreille sur le sol.

Trois nuits se passèrent sans aucun signe certain.

La quatrième nuit apporta des indications qui, d'abord vagues et confuses, devinrent claires et sonores.

Les nègres s'avançaient, il n'y avait plus à en douter.

Il entendait distinctement le bruit de leurs pas, leurs cris et leurs chants.

Dans ces exploits, les noirs ne renoncent point à leurs bruyantes habitudes.

Le capitaine, avec cette expérience qu'il avait acquise en mer, calcula rapidement la distance où se trouvaient les esclaves par les sons qu'ils lui envoyaient.

Il retourna en toute hâte à la colonie, alla lui-même chez le gouverneur, lui exposa le résultat de ses observations et lui conseilla de faire battre la générale : le bruit des tambours devant rassembler les habitants et effrayer les esclaves.

De là il se rendit à l'habitation, fit connaître ce qui se passait à M. de la Bienvenue, qui refusait de quitter son lit, et lui recommanda de faire enfermer les esclaves, dans la crainte que ceux du dedans ne se joignissent à ceux du dehors.

Une demi-heure après ces dispositions, le bruit de la marche des noirs devenait de plus en plus retentissant.

Il était une heure après minuit.

En ce moment, un corps de troupes entrait à l'habitation pour être mis aux ordres de M. le baron de Penmark, qui le plaça en embuscade sur le chemin où devaient passer les nègres.

Ils arrivèrent.

Leur nombre s'élevait à plus de cinquante.

Le bruit du tambour parut les étonner, mais la voix des chefs poussa le cri d'attaque.

Et ils se ruèrent avec une impétuosité sans égale sur l'habitation.

On les laissa bien s'engager, et au moment où, ne rencontrant aucune résistance, ils se croyaient maîtres de la propriété, une décharge partit à bout portant, et aux cris et aux gémissements des nègres, il fut facile de juger qu'elle avait ravagé leurs rangs.

Les noirs s'enfuirent en désordre, hurlant et pleurant.

Quelques-uns d'entre eux se dirigèrent sur l'habitation, et, au moyen de matières inflammables, y mirent le feu.

Ne connaissant point les localités, ils brûlèrent les ajoupas où étaient enfermés les nègres de l'habitation.

Ce fut un des plus lamentables épisodes de cette nuit.

Ces malheureux, surpris par les flammes, rugissaient comme des démons; ils poussaient des cris atroces et se tordaient misérablement dans ce brasier.

L'incendie fut heureusement bientôt éteint, et quelques esclaves furent seuls affligés par de larges brûlures.

Pendant que l'on s'occupait d'arrêter les progrès du feu, Barbaro avait pénétré dans l'intérieur de l'habitation, jusqu'à la chambre d'Anna qu'il enleva dans ses bras.

C'était là cette atroce vengeance dont il avait menacé le colon.

Le capitaine cherchait le nègre dans la mêlée; il entendit des cris de jeune fille et se dirigea du côté d'où ils partaient.

Il arriva à un champ de cannes : deux figures s'agitaient dans l'ombre.

Il parvint à distinguer Anna se débattant dans les bras de Barbaro, qui la broyait contre sa poitrine noire et velue.

Le nègre, plus embarrassé que chargé par ce fardeau, ne pouvait fuir.

Le capitaine marcha droit à lui, l'appela par son nom, pour le faire détourner, et dans ce mouvement il l'étreignit et lui plongea dans le cœur son poignard.

Les bras du nègre se détendirent, la masse de son corps s'affaissa sous ses jambes affaiblies, et roula pesamment par terre.

Il était mort.

Anna était évanouie.

Le capitaine la prit avec précaution, l'enveloppa dans le manteau qu'il avait jeté sur ses épaules pour se préserver contre la fraîcheur de la nuit, et la rapporta en courant à l'habitation.

La première personne qu'il rencontra fut M. de la Bienvenue. Il déposa à ses pieds son fardeau.

— Voici, lui dit-il, votre fille que je viens d'arracher à la mort, à la violence... et au déshonneur !

Et, sans attendre la réponse du colon, il sortit pour aller achever la déroute des noirs.

M. de la Bienvenue était un homme d'un caractère mauvais, perverti par l'orgueil et endurci par l'habitude de ses rigueurs extrêmes contre les esclaves, qu'il poussait plus loin que tous les autres colons.

Quoiqu'il fût le plus riche planteur de la colonie, il n'avait obtenu ni considération ni affection.

Les dédains du noble baron de Penmarck devenaient plus poignants et ajoutaient à ses déplaisirs et à ses ressentiments qu'il ne prenait pas la peine de dissimuler.

L'événement de la nuit avait causé un émoi général à cette colonie déjà inquiétée, troublée par les idées nouvelles, et tremblant sur sa base vieillie.

Un sentiment de reconnaissance publique se manifesta pour l'homme dont le courage et l'intelligence avaient sauvé l'île.

Les noirs descendus de la montagne, secondés par les esclaves des habitations, ne se seraient point arrêtés à ce premier succès; ils eussent tout ravagé, tout détruit.

M. de la Bienvenue, le prétexte de cette invasion et contre lequel avaient été dirigés les premiers coups, devait plus que tout autre à celui que l'opinion générale avait proclamé le sauveur de la colonie.

On attendait donc beaucoup de sa gratitude.

Ces louanges, ces hommages et ces honneurs décernés à un homme dont l'impertinence le blessait, augmentaient l'irritation du planteur.

Cependant il fut obligé de céder à l'entraînement d'une impression universelle dont il ne pouvait se séparer sans s'exposer à un blâme général.

Il donna une fête splendide, précédée d'un dîner magnifique et suivie d'un souper dont rien ne pouvait égaler le faste et les merveilles. Jamais créole ne déploya plus de luxe pour fêter le plus intime de ses amis.

Le baron, à l'accueil que lui fit le colon, devina, par l'affectation même de ses prévenances, les dispositions malveillantes de son hôte.

Il s'en vengea par le moyen le plus ingénieux et le plus cruel, paisiblement et sans passion.

Il ne toucha que du bout des lèvres aux mets les plus succulents.

Les prodiges de chaque service étincelant de vaisselle d'or et d'argent; le vermeil, les cristaux et tous les objets précieux dont le travail surpassait la matière, il ne daigna pas même leur accorder un regard.

Cette féerie, qui étonnait même les colons-habitués à ces prodigalités, il ne la vit point.

Le nombre, le choix et l'excellence des vins les plus renommés le trouvèrent sans empressement.

Les convives avaient fait d'immenses frais de toilette et d'éclat : tout le manége des prétentions des uns et de la coquetterie des autres ne put parvenir à attirer son attention.

Les avances, les sourires, les félicitations, les compliments et les éloges glissaient sur son épiderme.

Un sourire glacé, le persiflage de l'air et du regard, aucune part à la conversation : telle était l'attitude du baron.

Il persista jusqu'au bout dans cette indifférence d'autant plus perfide qu'elle fut toujours polie.

Sous cette mortification soutenue, le fier colon était morne et désolé, son silence et ses dispositions témoignaient de sa peine.

Toutes ces splendeurs furent attristées.

Le baron laissait intact ce qu'on lui servait.

Le colon se hasarda à lui en faire l'observation.

Le baron de Penmarck lui répondit :

— Je mange beaucoup, je viens de goûter à une pâtisserie délicieuse : elle m'a rappelé un ancien souvenir.

Ces mots excitèrent une attention générale, et le colon lui-même se montrait curieux.

Le baron ajouta avec nonchalance :

— C'est celui d'un pâtissier, fameux à Bordeaux, dans le quartier des Chartrons, pour cette friandise dont je croyais la recette perdue.

Les convives se regardaient sans rien comprendre.

M. de la Bienvenue pâlit et coupa la nappe avec son couteau à lame d'or.

Le triomphateur antique auquel l'esclave placé derrière lui dans le char rappelait la vanité de l'ovation, n'était pas plus confus que le riche planteur meurtri au visage et frappé au cœur par un affront dont il avait seul la conscience et dont il lui était impossible de se venger.

Cet outrage direct, dévoré en silence, le torturait.

Le calme et l'immobilité du baron cachaient les plus violentes émotions.

Il avait adopté pour cette fête une mise complètement noire.

Sous ce vêtement austère il sentait les jeunes ardeurs de ses années les plus brillantes, lorsque ses premières amours faisaient battre son cœur sous la soie et sous les plus éclatantes parures.

Au milieu de cette foule qui lui semblait importune et fâcheuse, il trouvait en lui une suave félicité.

Anna, la fille de la maison, était placée en face de son père; le baron, assis à sa droite, occupait la place d'honneur.

Anna portait une simple robe de mousseline blanche, sans ornement, sans un seul bijou.

La jeune créole était d'une ravissante beauté, au type pur, gracieux, délicat et correct de la forme indienne; ses traits et toute son imagination joignaient l'élégance, le charme et l'esprit de la physionomie française, réunis par une délicieuse harmonie, à la vive et piquante originalité de la créole.

De toutes les personnes qui avaient témoigné au baron leur enthousiasme, aucune ne l'avait fait avec la franche et douce sensibilité d'Anna.

Elle le nommait son libérateur en le regardant avec des larmes dans les yeux.

Pendant tout le dîner, elle se plut à revenir sur ces élans de sa reconnaissance.

Ces transports et ces effusions de la fille n'échappèrent point au père, qui y découvrit un nouveau motif d'inquiétude.

Ainsi livrée à ces naïves impressions de sa candeur, Anna avait un aspect céleste; le reflet de ses sentiments formait une auréole d'or et d'azur qui encadrait son visage.

Le baron, tout entier à cette contemplation, ne voyait qu'Anna, la jeune créole, ses séductions, son enchantement et son adorable beauté.

Pendant cette fête, Anna déploya ces grâces naturelles

qui n'ont pas besoin du luxe de la coquetterie pour séduire les moins ardents et dompter les plus forts; elle fut adorable sans songer à se faire adorer.

Elle montra cette gaieté charmante qui donne la vie aux figures ordinairement sérieuses, et cette vivacité spirituelle qui forme un si délicieux contraste avec la nonchalance de la créole; elle enchanta cette nuit de tous les rayonnements de ce charme virginal dont la source est au ciel.

M. de Penmarck s'abandonna sans défense à cette chaste séduction qui l'environnait comme un parfum céleste; son âme s'épura dans cette atmosphère inconnue; il oublia les rêves de fortune et ne songea qu'au bonheur de devenir l'époux de cette jeune fille, bonheur mérité par un grand service rendu et un amour qui serait la légitime passion d'une vie entière.

Le père d'Anna ne pouvait plus rien refuser au baron de Penmarck, pas même la main de sa fille.

Le rêve du baron avait donc toutes les meilleures chances pour s'élever à la vérité.

Anna avait grandi presque seule, sous le ciel des tropiques, comme les plantes qui parent ces belles contrées et croissent sous cet heureux climat.

Elle n'avait pris que la grâce de cette nature si vigoureuse dans son élégance et dans sa richesse; elle n'avait point poussé comme une tige robuste, mais comme une liane souple, frêle et flexible, qui ne peut se soutenir seule et cherche partout un appui.

La jeune créole n'avait, depuis sa naissance, rien rencontré qui offrît cette protection à sa faiblesse.

En perdant sa mère, elle n'avait pas seulement été privée de la tendresse de ses soins, mais de ses conseils et de son expérience.

La vieille négresse à laquelle l'avait confiée l'imprudence de son père ne lui avait donné qu'un lait appauvri par la fatigue; le maître n'ayant pas voulu que le travail de la nourrice cessât pendant l'allaitement.

Son esprit n'avait reçu d'ignorantes institutrices que des préjugés, des erreurs et des notions fausses, qui n'avaient rien fait pour éclairer son intelligence.

Son imagination avait été égarée par les légendes monstrueuses dont la berçaient les récits des esclaves.

Elle n'avait reçu qu'une éducation futile et frivole; tout effleuré, l'art et la fantaisie; mais elle n'avait rien approfondi.

Cette étrange éducation lui avait donné la funeste habitude de ne réfléchir qu'après la chose faite.

Pour réussir par ce procédé de conduite, il faut toujours que le premier mouvement soit bon.

Tout ce qu'Anna possédait de généreux, elle ne le devait qu'à elle-même.

Elle avait pour son père cette soumission craintive que donne le respect filial et exclut souvent l'affection.

M. de la Bienvenue ne s'était jamais occupé d'elle; il la voyait rarement, l'embrassait avec distraction et croyait avoir assez fait en lui donnant quelque friandise ou quelque hochet d'enfant.

Anna était pour lui un capital, exprimé par la fortune de sa mère, qu'il administrait comme tuteur naturel de sa fille.

Cette fortune, il l'avait comprise dans son exploitation, et la nécessité d'en rendre compte à la fin de sa tutelle était un de ses principaux soucis.

Il avait pris la résolution de ne marier Anna qu'à un colon avec lequel il pût s'arranger sur ce point.

L'homme qui était en quelque sorte pour lui une conscience vivante connaissait ces faits.

Raoul, le frère d'Anna, avait pour elle un dévouement sans bornes et de tous les instants, mais le caractère sombre et altier de ce compagnon de son enfance n'excitait qu'une reconnaissance froide.

Raoul aimait passionnément Anna et ne pouvait s'accoutumer à l'idée d'être séparé de cette sœur chérie, sur laquelle son affection veillait sans cesse.

L'arrivée du baron de Penmarck opéra une révolution dans les idées et dans les sentiments de la jeune créole.

Elle ne savait quel nom donner au penchant invincible qui l'entraînait vers cet homme qu'elle n'avait jamais vu avant la plus horrible des nuits.

L'affection qu'elle donnait à son père et à son frère, l'amour qu'elle ressentait encore pour sa mère perdue, aucun autre sentiment venu de son cœur ou resté dans son souvenir n'était comparable à la tendresse mystérieuse qu'elle éprouvait pour son libérateur, le baron de Penmarck.

Son nom prononcé, le bruit de son pas, le son de sa voix, portaient le trouble au cœur de la jeune fille : tout ce qui avait eu pour elle un charme, une émotion, un plaisir, avait perdu son influence; elle avait concentré sur lui ses pensées, ses secrets, ses aspirations intimes. Elle éprouvait enfin l'amour sans en avoir le nom.

Son esprit recherchait tout ce qui frappait son imagination; le mystère qui semblait envelopper son libérateur était à ses yeux un attrait qui rehaussait toutes les belles qualités dont le baron était doué.

Dès ce moment, entre le baron et elle s'établirent la confiance et l'intimité.

Lorsque celui-ci fit part à Anna de son projet de demander sa main à M. de la Bienvenue, elle ne s'étonna point de cette résolution; elle s'associait à ce vœu et demandait même au ciel de l'accomplir.

Elle suppliait le baron de ne pas retarder cette demande, d'où dépendait son bonheur.

— Je suis sûre, lui disait-elle avec une naïve certitude, que mon père sera heureux de conclure cette union, qui peut seule l'acquitter envers vous.

La ferveur de la reconnaissance lui cachait les difficultés de cette union.

Entre le baron et la jeune créole, il fut convenu que, dès le lendemain, M. de Penmarck parlerait de ce mariage au père d'Anna.

M. de la Bienvenue écouta tranquillement cette proposition, puis il répondit avec une aigreur mal déguisée :

— J'ai disposé de la main d'Anna, ma parole est engagée... D'ailleurs, si vous l'aimez comme un prétendant, je l'aime comme un père qui ne veut pas se séparer de sa fille.

— N'existerait-il point, monsieur, d'autres causes à ce refus que j'ai peine à comprendre, en vous demandant cette alliance au nom de mademoiselle de la Bienvenue et au mien ?

— Ma fille ne connaît pas ma volonté.

— Me permettrez-vous de faire une observation... s'il s'agissait d'une question d'intérêt ?

— Que voulez-vous dire ?

— J'épouserais votre fille sans dot, possesseur que je suis d'une fortune qui peut nous suffire.

— Je me vois forcé de ne pas vous accorder ce que vous me demandez.

— Je ne suis pas heureux avec vous, monsieur, reprit le baron avec une amère ironie ; vous m'avez refusé la liberté de l'esclave, et vous savez ce qu'il a failli vous en coûter !

— Est-ce pour me reprocher ce que vous avez fait pour ma fille, pour moi et pour ma fortune ? Mettez un prix à ce service dont je ne nie pas la grandeur.

Le baron se redressa de toute sa hauteur.

— Ce que vous me dites est une insulte faite au moment même où je vous en épargnais une. Vous me refusez la main de votre fille, je laisse peser sur vous la formidable garantie de votre opiniâtreté.

Il sortit sans saluer le colon, sur lequel son regard se posa plein d'un courroux menaçant.

Anna, en recevant cette nouvelle, leva vers le ciel ses yeux remplis de larmes, et sur ses traits, devenus tout à coup livides, se peignit une désolation profonde.

De ses lèvres tremblantes et décolorées, elle ne laissa tomber que ces mots de désespoir :

— Je sens que j'en mourrai !

Le baron s'abstint de reparaître à l'habitation.

Sous les coups de ces impressions douloureuses, la santé de la jeune créole s'altéra visiblement ; elle se courbait sous sa tige, comme une fleur mourante, faute d'air et de lumière.

Ni les caresses de son père ni celles de Raoul ne purent la soustraire à ce marasme qu'elles ne faisaient qu'augmenter et rendre plus dévorant et plus prompt.

Les progrès de ce mal qui minait Anna devenaient de plus en plus terribles et redoutables.

M. de la Bienvenue et Raoul, épouvantés, appelèrent les médecins les plus renommés de la colonie ; ils furent unanimes pour déclarer que la souffrance qu'éprouvait la jeune fille n'était point de celles que leur art pouvait guérir.

Elle ressentait une douleur morale qui ne disparaîtrait qu'avec la cause qui l'avait fait naître.

Cette considération si puissante trouva le père et le frère de la jeune créole inflexibles dans leur funeste obstination.

Anna s'éteignait dans les tourments d'une fièvre mystérieuse, qui échappait aux secours de l'art.

Les médecins conseillèrent alors le remède presque toujours salutaire : des bains de mer et de longues promenades au large, aux heures douces du soir

Elle avait toujours aimé l'exercice de la natation, et elle acceptait ainsi volontiers un remède qui était un plaisir.

Tous les jours, après le coucher du soleil, la jeune créole aspirait les vives et fortifiantes senteurs des vagues indiennes, où la vie coule avec la lumière du soleil.

Elle s'enivrait de cette atmosphère marine, qui semble guérir tous les maux de la terre comme une bienfaisante rosée du ciel.

L'influence de cet exercice parut d'abord favorable à la jeune fille ; mais l'habitude en neutralisa bientôt l'efficacité.

De nouveaux symptômes alarmants se manifestaient, et après une lueur d'espérance on trembla de nouveau pour les jours d'Anna.

Le baron de Penmarck, informé de cette situation critique, conçut alors un projet extrême, que peut à peine justifier la logique aveugle des passions.

— Je la sauverai une seconde fois, dit-il, lorsque son père et son frère veulent la tuer !

Il acheta secrètement d'un corsaire un brick armé pour la course, et se mit en observation dans les parages de l'île.

Un soir, après le bain, Anna dit aux rameurs de lui donner sa promenade accoutumée sur la haute mer, ce qui fut exécuté tout de suite.

Une embarcation se montra bientôt, mais n'excita aucune alarme ; rien n'était plus ordinaire que la présence d'un canot dans le voisinage des terres.

Des cris de terreur furent poussés dans la barque d'Anna, lorsqu'on aperçut des hommes masqués et armés, prenant une direction hostile, se lever sur les bancs de l'embarcation.

Toute résistance était impossible, les vaincus n'essayèrent pas même de défendre Anna.

Au moment où elle fut enlevée et transportée à bord d'un brick qui s'avançait à toutes voiles, les rameurs entendirent ces paroles envoyées par le porte-voix :

— Dites à votre maître que le capitaine Roch n'est pas mort.

Le vent qui soufflait de terre favorisa le brick ravisseur, qui disparut bientôt à l'horizon.

Ces faits se passaient à l'île Bourbon, en 1809, à l'époque où nos intrépides corsaires vengeaient par leurs exploits les revers de la marine impériale.

En Bretagne.

La mer commençait à se faire houleuse.

Deux pêcheurs de Concarneau, port breton, au pays de

Cornouailles, revenaient dans un de ces lourds bateaux pontés et à quille qui servent à la pêche des côtes.

— Eh! père Trème! voilà la mer qui *moutonne!* dit le plus jeune des deux.

— Je le vois bien, mon gars, répondit le vieux, et cette écume blanche comme la laine de nos troupeaux, qui vient sur la vague, ne m'a jamais rien dit de bon. Et puis, quoique depuis bien longtemps je passe par ici, ce n'est jamais, tu me croiras si tu veux, Eric, sans un certain battement de cœur.

— Et pourquoi, père Trème? vous êtes connu pour un loup de mer, et personne ne se souvient que vous ayez eu peur.

— Peur! oh! non, mon gars, ce n'est pas cela que j'éprouve, mais je ne suis pas à mon aise... Imagine-toi que toutes les fois que je suis en face de ces rochers de Penmarck qui s'avancent sur la mer, comme nous voilà maintenant, il arrive quelque signe funeste... Tantôt c'est le cri sinistre du goëland ou de la mouette, tantôt c'est le mugissement soudain d'une vague qui gronde par dessus les autres, et puis ma voile qui craque avec un bruit de détresse...

— Père Trème, nous avons passé les rochers, nous voilà hors de la baie d'Audierne; nous allons bientôt entrer dans celle de la Forest, dont Concarneau occupe une des anses.

— La nuit tombe, et je suis bien sûr qu'Yvonette et Margarie sont en prières, parce qu'elles ne nous voient pas revenir avant qu'elles aient allumé la lampe.

Le vieux Trème, sans écouter ces propos de jeune homme, ramenait sa cape sur sa tête chauve, parce que le vent fraîchissait et que la brume devenait plus épaisse.

Eric laissait flotter aux fraîches brises du soir et sous les moites brouillards dont le nuage l'enveloppait, sa jeune et blonde chevelure tombant sur ses épaules, et que les ciseaux n'avaient pas encore effleurée.

On arriva à Concarneau; les deux pêcheurs, après avoir amarré le bateau, gravirent une ruelle étroite, bourbeuse et escarpée, au milieu de laquelle coulait un ruisseau limpide tout peuplé de petits crabes déposés par la mer, qui venait de se retirer.

Ils arrivèrent ainsi à une espèce de chaumière, au toit de pierres amoncelées et de la plus chétive apparence; mais ce fut avec joie et avec contentement qu'ils entrèrent dans cette humble demeure; leurs filets étaient pesants et Dieu avait béni les travaux de la journée.

Margarie, la vieille mère, embrassa Trème, pendant qu'Eric regardait tendrement Yvonette, et les deux vieillards se les montraient gaiement.

Le souper fut copieux, et, après le pot de cidre, on y joignit un coup de bonne eau-de-vie, le supplément de régal quand la pêche était abondante.

Après cela, la veillée s'éclaira à la lueur d'une lampe fumeuse et à la chaleur d'un bon feu d'algues et de varec.

Et la conversation allait commencer pendant que le vent soufflait au dehors, comme s'il annonçait un orage, quand le vieux Trème dit en se découvrant le front:

— La mer est ce soir grosse et mauvaise; prions pour ceux qui naviguent; allons, Yvonette, dis-nous ta prière à la bonne Sainte-Anne-d'Auray, notre protectrice.

Tous se mirent à genoux, et la douce Yvonette récita l'oraison de sa voix la plus tendre, les yeux tournés vers Eric, son bien-aimé, pour lequel sa ferveur invoquait surtout la sainte protection.

Ils se relevèrent le cœur satisfait et le visage serein.

Eric, regardant malicieusement Trème, qui s'inclinait pour sommeiller, lui dit:

— Convenez que, ce soir, vous avez eu peur?

— Et de quoi? s'écria Margarie effrayée.

— Je n'ai pas eu peur, répondit tranquillement le vieux Trème, Eric le sait bien, le mauvais gars; mais en voyant la tournure que prenait le temps, j'ai voulu en finir et j'ai empêché ce jeune fou de jeter encore le filet...

— Dame! mon père, quand la pêche est bonne, faut la faire durer; vous me l'avez dit cent fois...

— Et puis, reprit Trème, en passant devant les rochers de Penmarck, les rochers de la côte m'ont apparu comme un immense squelette.

— C'est le *nid du vautour!*

— Qu'est-ce que cela?

— C'est le nom qu'on donne aux tours de Penmarck.

— Et pourquoi?

— C'est une histoire qu'Yvonette sait et m'a contée.

— Yvonette, vous savez que je vous ai défendu de jamais parler de ces choses à personne.

— Ma mère, je ne l'ai dit qu'à Eric, à qui je dis tout.

— Et à moi, pourquoi ne m'as-tu rien dit?

— Mon père, parce que vous ne m'avez rien demandé.

— Je me rappelle que le château de Penmarck fut habité autrefois, bien avant que vous fussiez au monde, par la famille de Keradec, dont le chef portait le titre de comte, qui avait une haute renommée dans la marine du roi, et dont on vantait dans nos pauvres contrées, la charité et la bienfaisance.

— Oh! bien, ce n'est plus de même, à présent: celui qui habite sur ces rochers passe pour un vrai démon, s'écria Yvonette. Cependant, moi qui l'ai vu de près, je sais qu'il n'est pas aussi diable qu'il est noir, n'est-ce pas, ma mère?

— Tu as raison, mon enfant, et si je disais aussi tout ce qui est à ma connaissance, je crois que bien des gens reviendraient sur leur opinion.

— Raconte-nous cela, toi qui dis si bien, ma chère femme; n'es-tu pas habituée à nous faire entendre, tous les soirs, quelqu'une de nos légendes bretonnes qui nous font pleurer?

Margarie hésita, mais elle céda aux instances de la famille, et se prépara à parler.

— C'est drôle, tout de même, dit-elle, les histoires que j'ai apprises, je les sais encore bien; mais j'ai oublié presque tout ce que j'ai vu, ma pauvre mémoire s'en va... En quelle année sommes-nous?

— Femme, nous sommes en 1812.

— Il y a donc de cela deux ans; c'était à la fin de 1810.

Le château de Penmarck fut abandonné pendant la révolution; depuis huit à dix ans seulement, quand on commença à parler de Napoléon, il y revint de temps en temps un homme encore jeune, de haute taille, et d'un visage grave, pâle et imposant; il arrivait toujours au pied des rochers par la mer.

Un jour, je le vis débarquer; je reconnus ses traits; c'étaient ceux d'un enfant qu'on appelait le fils aîné de Penmarck, comme nous disions alors.

Je me souviens aussi que quand j'étais encore une jeunesse, on racontait qu'il était parti sur un vaisseau, comme mousse, à l'âge de huit ans.

Il peut y avoir de cela plus de vingt-cinq ans, peut-être trente ans; je n'étais pas encore mariée.

Tout le monde admirait ce courage d'un enfant; mais les vieux disaient en riant : *Qu'il chassait de race...*

Puis, plus tard, il disparut pendant deux ou trois ans, je ne sais pas bien; tout ce que je peux dire, c'est qu'il resta longtemps absent.

Il revint, et une nuit, comme nous dormions, un homme, qu'on prenait pour un beau monsieur, ma foi, vêtu d'un habit galonné, vint à Concarneau demander de porte en porte une brave femme habile à soigner les malades.

Tout le monde lui indiqua ma pauvre maison, parce que j'avais été élevée par ma tante Gertrude, sœur à l'hôpital de Quimper.

A minuit, par une pluie battante et une nuit noire comme un four, j'arrivai au château de Penmarck.

On me fit entrer dans une grande pièce fort éclairée, où il y avait des hommes en fer qui me faisaient trembler.

Là, se trouvait une jeune dame, belle, mais toute pâle, roulée dans d'épaisses peaux d'animaux et entourée de malles et de paquets.

Elle était enceinte, et c'était à elle que je devais donner des soins.

Un beau monsieur galonné entra avec deux flambeaux d'argent qu'il tenait d'une main, et nous conduisit dans une chambre à coucher, comme celle de notre bonne duchesse Anne qu'on m'a montrée à Rennes.

Là, aux services qu'il rendit à la jeune dame, je m'aperçus que c'était un domestique et je ne le regardai plus.

Arriva ensuite une femme noire qu'elle appelait sa nourrice.

Cette jeune dame se mit au lit avec une toilette nouvelle et presque toute habillée; je restai auprès d'elle pour la veiller.

Sa première nuit fut bonne, et le lendemain matin, le médecin la trouva beaucoup mieux que la veille à son arrivée.

Elle vécut faible et languissante, et cela dura jusqu'au moment où elle fit ses couches et mit au monde un garçon de belle venue.

Sa santé, au lieu de s'altérer, parut se rétablir; mais elle avait dans le voyage reçu deux fortes secousses qui, plus tard, lui causèrent de violentes souffrances, et souvent j'ai cru m'apercevoir qu'elle avait le cerveau troublé.

Elle me raconta que pendant qu'elle était en mer, le vaisseau, près d'une île qu'on nomme Sainte-Hélène, était tout à coup devenu immobile et ne marchait plus; on resta ainsi assez longtemps pour craindre de manquer de vivres et de mourir de faim, tant les provisions s'épuisaient.

— Je connais cela, dit le vieux marin; c'est pire que la tempête, c'est ce que les marins redoutent le plus... c'est le calme; la mer est alors comme une nappe d'huile.

— L'autre émotion, continua la vieille femme, fut celle d'un combat naval.

Je ne peux m'empêcher de frémir encore, dit Margarie, toutes les fois que je me souviens de cet affreux récit.

Elle était à fond de cale, c'est-à-dire tout en bas du navire, et séparée de la mer par une simple planche.

De là, cette malheureuse femme, si frêle et si délicate, entendait un double bruit sinistre; celui du roulement des flots contre la quille et contre les flancs de la carène, et celui du fracas éclatant du combat; les vagues furieuses et agitées, la fusillade et les bordées formidables du canon se mêlaient sous ses pieds et sur sa tête avec un horrible fracas.

Les cris des combattants, les jurons et les imprécations, les commandements des chefs, les gémissements des blessés se mêlaient avec d'autres bruits effrayants.

Il y eut un moment où elle sentit craquer sous elle et près d'elle les planches du vaisseau, une chaleur brûlante l'avertit que le feu était aux flancs du navire.

Pour comble de peine, les cris qu'elle poussait ne pouvaient être entendus; sa raison se troublait.

Tout à coup elle vit le sang ruisseler de l'entrepont à travers les fentes du plafond, alors elle fut en proie à un véritable délire.

Ces émotions étaient au-dessus de ses forces; elle y succomba et ne se réveilla que dans la ch... bre du capitaine et sous la lancette du chirurgien qu... ait de la saigner pour s'assurer qu'elle vivait encore.

Sous les coups de ces crises, sa sensibilité nerveuse s'était vivement excitée, et son intelligence si rudement ébranlée s'était affaiblie.

Depuis ce temps, elle n'avait qu'une santé chancelante et douteuse; toute son organisation était dolente et maladive, et chaque jour elle sentait se tarir en elle les sources de la vie.

Afin de se distraire de ses maux, elle se faisait apporter son cher enfant qu'elle couvrait de ses caresses.

Il s'appelait Paul; c'était le nom de son père.

Ce fut en ce temps-là que l'on fit venir Yvonette à Penmarck, et je lui laisse le soin de continuer ce récit, qui m'émeut autant qu'il me fatigue.

Yvonette jeta sur Eric un regard inquiet, le poussa du genou, et se penchant vers lui, dit tout bas :

— Tu me souffleras, n'est-ce pas?

— Oui, mais parle-nous d'abord du maître du château, dit Eric... Allons, ne sois pas timide, tu parles comme une demoiselle de ville, quand tu le veux... Tu as été à bonne école. Nous t'écoutons.

Les provisions s'épuisèrent (Page 15.)

— Le maître du château, dit Yvonette en rougissant, était un homme dont les traits m'ont d'abord effrayée ; mais j'ai fini par aimer son visage, parce que, sous sa rudesse, je découvrais une grande franchise.

Il avait alors près de quarante ans, et je vous assure qu'à voir sa belle santé, on ne lui en aurait pas donné plus de trente.

J'ai vu peu de personnes, même parmi nous, dont la vie fût aussi rude et aussi simple que celle du comte.

A Penmarck, on ne l'appelait pas autrement et jamais l'on ne prononçait son nom.

Il était sobre et actif ; il avait besoin d'une perpétuelle activité ; sa parole était plutôt sèche que dure ; elle avait conservé le ton impérieux et sévère du commandement.

Au milieu de cette âpreté de son existence, le comte avait des délicatesses, des raffinements et des recherches tout personnels.

Il parlait avec élégance, et c'est en l'écoutant que je me suis un peu débarrassée de quelques mauvaises façons de dire, et que j'ai poli mon langage.

Le père, la mère et le futur mari de l'aimable fille étaient ravis en écoutant ce gracieux et gentil babil :

— Il avait, reprit Yvonette, de belles dents, un sourire qui n'était jamais doux et gai, mais souvent bienveillant et bon ; ses mains étaient effilées et parfaites, son pied était petit et bien cambré.

On m'a dit que ces signes étaient ceux de personnes nées de noblesse.

En soignant l'enfant, je ne quittais pas la mère.

Le comte venait très-souvent nous voir, et faisant violence à son désir d'action et de mouvement, il lui arrivait de passer de longues heures avec nous ; on me permettait de prendre part à ces entretiens, et c'est à cela que je dois mes progrès.

Le père et l'époux remplaçaient bientôt le marin dans ses effusions de la famille.

Il est difficile de se montrer plus tendre que l'était alors cet homme partout ailleurs si grave et si austère.

Il ne cessait de témoigner sa tendresse à sa femme que pour caresser et couvrir de baisers son enfant.

Pour le cœur de sa compagne abattu et brisé, il trouvait sans cesse de nouvelles et adorables consolations ; madame et moi nous ne comprenions pas où une âme si énergique pouvait trouver toute cette sensibilité.

— Dis-nous donc, Yvonette, interrompit Eric, tout ce qu'il y avait dans ce château, que tu m'as dit être si plein de choses étonnantes.

Yvonette s'empressa de se rendre à ce désir.

— Le comte, poursuivit-elle, avait pris plaisir à surveiller et à soigner lui-même tous les détails de sa demeure.

Il ne dédaignait pas de mettre la main à ce travail symétrique d'ameublement et de décoration.

Il avait rapporté de tous les pays des choses vraiment merveilleuses ; il s'en trouvait même d'effrayantes, avec lesquelles je me familiarisai par l'habitude.

C'étaient des costumes et des armes de tous les peuples

C'était le jeu. (Page 22.)

sauvages ; des squelettes couchés sous verre ; des corps humains enfermés dans de longues boîtes, à mille couleurs ; des idoles monstrueuses de faux dieux ; de grandes tables de pierre ayant servi, disait-on, à des sacrifices humains ; des animaux indiens, si bien empaillés, qu'ils me semblaient encore vivants, des oiseaux superbes, peints par le soleil des beaux pays ; des amas de coquillages, et des services de porcelaine travaillée en Chine et au Japon.

Tous les planchers étaient couverts de riches tapis de pelleterie.

Le cabinet n'avait pour siége que des peaux d'ours blancs et noirs.

On avait composé tout un canapé des plumes les plus précieuses, et dont deux autruches à la queue touffue et panachée formaient les supports.

Ce meuble si original était l'honneur du boudoir de la jeune dame.

Les monstres de la mer avaient des places réservées sous les grottes des jardins.

Ce qui faisait le principal attrait de cette singularité, c'était les prodiges de l'art ciselé.

Les Chinois, chez lesquels tous les ustensiles de la vie ne sont que des jouets, avaient fourni la meilleure part de ces admirables bagatelles ; il y avait en ce genre des joyaux miraculeux, et l'on était surpris par la grâce, l'élégance et la subtile ténuité de ces ouvrages qui semblaient appartenir au monde des fées.

En cet endroit Yvonette fit une pause.

Elle reprit haleine en poussant un profond soupir ; puis elle reprit son récit par ces mots :

— Il faut maintenant vous raconter la partie triste de ce qui se passait alors à Penmarck.

Pourrai-je me rappeler ces scènes touchantes et si pleines d'émotions sans verser des larmes !

La santé de la jeune dame dépérissait à vue d'œil ; enfin, elle tomba dans un état de consomption qui laissait peu d'espérance : les médecins les plus habiles que l'on fit venir de loin, déclarèrent que toute guérison était impossible.

Le mal qui minait cette jeune existence échappait à tous les efforts qui essayaient de le combattre.

C'était une douleur morale qui tuait le cœur et l'âme, et le corps ne souffrait que par contre-coup.

D'abord, elle portait en elle le sentiment pénible d'une faute dont le comte avait seul le secret ; dans le délire où elle tomba quelques heures avant sa fin, elle s'accusait d'avoir désobéi à son père et d'avoir accepté l'amour d'un homme qui n'était point son époux.

Elle s'ennuyait mortellement à Penmarck ; cela augmenta le mal.

Elle regrettait son beau pays doré par le soleil, son ciel lumineux et les riches ornements que la nature avait prodigués avec tant de luxe et de richesse à ce sol fortuné.

Les brumes, les brouillards et le ciel gris de notre pays l'attristaient ; elle y avait froid, tout son être, son esprit et son imagination, aussi bien que son corps y grelotaient.

Malgré tout ce que le comte avait fait pour lui rendre ce

I*

2

séjour agréable, en y rassemblant tous les souvenirs de son île chérie, rien ne pouvait calmer ses regrets.

— Elle me dit un jour, à la vue d'un rayon de soleil qui perçait à travers les rideaux :

— Comme il est froid!

Puis, une autre fois, dans un de ces moments où elle se trouvait mieux et qui devenaient, hélas! si rares, elle me dit avec un accent que je ne puis définir :

— Je vais bien, chère petite; le comte m'accordera de retourner vers mon père; je me jetterai à ses pieds, il me donnera sa bénédiction et je mourrai contente. Toi, je te ferai bien riche, et tu auras vu mon beau pays que je pleure.

Vains projets, que la mort devait détruire!

La dernière heure de la vie était arrivée pour elle; un pressentiment le lui apprit.

Elle demanda que le comte lui accordât un moment d'entretien.

Il vint, et pendant deux heures entières demeura seul avec elle.

Que se passa-t-il entre eux?

Nul ne le sait.

On n'entendait au dehors que des mots confus, des gémissements et des sanglots; les habitants du château écoutaient ces bruits funèbres avec une terreur profonde.

Lorsque le comte sortit de l'appartement de la jeune dame, il faisait peur à voir, tant la pâleur et le désordre de ses traits et le trouble de toute sa personne étaient effrayants.

Il cria d'une voix rauque :

— Qu'on aille chercher M. le recteur avec tout son clergé; dites-lui qu'il s'agit d'administrer deux sacrements, celui du mariage et celui de l'extrême-onction.

À ces paroles, tout le monde frémit.

Une demi-heure après, on entendait dans les cours et sous le vestibule du château, le bruit que faisait le clergé en prenant son ordre de procession.

Puis les chants sacrés commencèrent à retentir graves et sonores sous les hautes voûtes des escaliers et des salles qui touchaient à celle où gisait la malade.

Puis on entra solennellement dans cette chambre mortuaire, à la clarté de cierges nombreux comme pour les funérailles.

Avant la cérémonie religieuse, l'adjoint du maire de Penmarck se prépara à l'acte du mariage civil.

La jeune dame, assistée de deux témoins, répondit d'une voix ferme aux questions faites au nom de là loi; mais elle perdit cette force lorsqu'il fallut signer.

Alors, on vit un bras desséché et une main amaigrie dans laquelle la plume tremblait.

Ces formalités étant accomplies, l'adjoint et les quatre témoins, ceux de la dame et du comte, se retirèrent; l'officier municipal emportait des papiers que le comte avait, pour les lui remettre, tiré du grand coffre apporté avec la jeune dame.

Le comte était très-ému; mais il répondit dignement aux questions de la double cérémonie, et son attitude fut pleine de piété et de recueillement.

La mourante demanda son enfant; on le lui apporta, et le comte le lui présenta en disant :

— Voilà notre fils!

Elle le serra contre son sein dans une étreinte convulsive, et son dernier soupir s'exhala sur les lèvres de celui auquel le mariage de sa mère au lit de mort venait de donner un titre et un nom; la noblesse et la fortune.

Les médecins entrèrent et enveloppèrent tout le corps, et surtout le visage, d'aromates précieux recueillis par le comte en Égypte.

Quelques jours après cette sombre journée, on vit arriver de Paris un des plus célèbres peintres de portraits.

Le visage de la morte fut découvert. Il n'avait subi aucune altération, grâce à l'atmosphère sèche et parfumée dans laquelle on avait entretenu la chambre où reposait le corps.

Le comte assista à toutes les séances de l'artiste.

Lorsque le portrait fut terminé, il le fit placer tout de suite dans un cadre drapé de velours noir; on le plaça vis-à-vis de son lit, et pour que de profanes regards ne se posassent jamais sur cette image chérie, il le couvrit d'un voile de crêpe noir.

Au-dessous de ce tableau pendait un crucifix d'ivoire dont le travail admirable se détachait en saillie sur une plaque d'ébène; ce christ vraiment divin était un *Regalo*, envoyé de Rome par le *Santo Padre* au comte, dont il voulait récompenser les services par lui rendus à l'Église.

Chaque jour le comte passait deux heures entières en prière, devant cette image découverte et qui lui retraçait la beauté de cette femme qu'il avait tant aimée, non plus brillante d'amour et de jeunesse, mais déjà atteinte par le contact de la mort.

J'ai pu le contempler par la fenêtre ronde qui s'ouvrait d'une galerie sur cette chambre, changée par sa douleur en chapelle funéraire.

Tant que la figure était sans voile, l'extase se peignait dans ses yeux, puis, lorsque le voile était retombé, il se frappait la poitrine et versait des pleurs avec des sanglots.

Le comte, dans ces moments, cédait à un sentiment de repentir, et sa fierté naturelle était courbée sous le poids d'un remords caché.

Les recteurs de Penmarck venaient souvent le visiter séparément et jamais ensemble; l'un et l'autre avaient avec lui de longs entretiens.

À cette époque, vous vous le rappelez, mon père, on vit les pauvres églises des deux paroisses se parer de riches ornements, la maison du Seigneur réparée et embellie, et les pauvres secourus par d'abondantes aumônes.

— Je me rappelle ces choses et je me souviens aussi que les deux recteurs disaient à la fin de leur prône :

« Prions, mes frères, pour une âme déjà en peine, quoique vivante encore.

« Prions avec d'autant plus de ferveur que c'est celle d'un

homme qui comble de ses dons l'autel et les amis de Dieu. »

—Yvonnette, reprit Éric, et vous, mon père, n'avez-vous jamais vu une espèce de fantôme, enveloppé dans un ample manteau dont les plis flottent au vent, gravir le rocher de Penmarck, à cheval, au milieu de la tempête et de l'ouragan?

— Certainement, je l'ai vu plus d'une fois.

— C'est le messager, s'écria Yvonnette.

— Qu'est-ce que le messager? demanda Éric.

— C'est un être mystérieux, répondit la jeune fille, qui apparaît de temps en temps au château depuis que le comte y est revenu.

— Encore quelque échappé de l'enfer, dit sourdement la vieille Margarie.

— Tu te trompes, bonne mère; le messager est un homme pieux qui ne vient jamais ici sans aller chez le recteur.

— Un jour, j'ai entendu notre pasteur lui dire, en lui prenant la main : « Continuez, mon enfant, vous êtes dans la voie du salut! »

— Le recteur, continua Yvonnette, n'aurait pas parlé ainsi à un damné.

—Yvonnette a raison, ajouta Éric; il vaut mieux d'abord croire le bien que le mal, et le recteur, qui avait causé avec le messager, devait bien le connaître.

— Alors, pourquoi toutes ces cachotteries? dit la vieille femme.

Yvonnette prit la défense du recteur avec un zèle tout filial.

Cette jeune Bretonne avait le type de la beauté druidique, mais tempérée et adoucie par une grâce exquise.

Elle était la perle de Concarneau et de tous les lieux à la ronde, et l'objet de tous les respects.

Les recteurs recherchaient son sourire et son approbation, et affirmaient que l'Esprit-Saint était en elle.

Plus instruite que ses compagnes, elle était aussi la plus pieuse; elle filait du lin pour le linge de l'autel, si fin et si délié que son fil était comme ceux qui volent dans l'air aux beaux jours, et tombent, dit-on, de la quenouille de la bonne Vierge.

A ces ouvrages délicats, elle joignait un travail plus rude, mais peut-être plus utile : elle raccommodait les filets de son père et ceux d'Eric, elle prenait soin du ménage et ne laissait rien en mauvais état.

Ce n'était pas tout : les pauvres la trouvaient toujours prête à les aider, et toutes les souffrances venaient à elle avec espoir.

Lorsque le recteur voulait une aube bien brodée, bien blanche et bien fine, pour une fête carrillonnée, c'était à Yvonnette qu'il la demandait; elle avait un soin pur et candide de l'autel, et le jeune vicaire lui devait aux grands jours les honneurs d'un surplis plissé et gaufré comme par la main des anges.

Eric, orphelin, avait été recueilli par les parents d'Y-

vonnette; il avait grandi avec elle, et, comme elle, il était l'honneur et la joie de la famille.

Eric offrait le vrai type du gars breton dans sa force originelle; il était taillé vigoureusement, et en lui respirait une grâce robuste : il avait la peau blanche, les traits doux, de longs cheveux blonds et des yeux bleu de mer.

C'était en outre le plus intrépide, le plus actif, le plus adroit et le plus heureux des pêcheurs du rivage.

Chaque jour Trème et Margarie trouvaient dans ses services et ses qualités une douce récompense.

Aidé par Eric, le vieillard n'avait point senti l'inertie des années, il s'était réchauffé à la jeunesse de son enfant adoptif, et il crut avec raison donner la joie à sa vieillesse en unissant par le mariage la belle Yvonnette à son cher Eric.

Cette petite scène d'intérieur expliquera bien mieux la suite des aventures de l'Ile Bourbon qu'un long récit fastidieux.

Le passage du baron de Penmarck et d'Anna la créole à travers la vieille Bretagne est une légende historique, conservée dans les chaumières des pêcheurs, et nous l'avons donnée dans sa forme dramatique, pour lui laisser son caractère naïf, et un peu de ce charme recueilli qui accompagne les entretiens du village dans les longues veillées de l'hiver.

Ce messager mystérieux, qui avait été aperçu par Éric et Trème, était un Italien nommé Félippo; nous allons voir le rôle qu'il va jouer.

Félippo Lodi, né à Ferrare, ville papale et sacerdotale, était le fils d'un sacristain de la chapelle du cardinal-légat, qui habitait la résidence des anciens ducs.

Tout petit, il portait la soutanelle et la calotte rouge, et chantait au chœur.

On l'appelait l'*Abbatino*. Il contracta donc de bonne heure les habitudes cléricales.

En grandissant dans la sacristie paternelle, il se mêla d'abord à de petites intrigues qui grandirent avec lui.

Adroit et astucieux, il s'insinua, sans sortir d'une position subalterne, dans les bonnes grâces de la cour de Rome, et mérita même la confiance pontificale par des services importants, secrets et intimes.

C'était sous les pontificats de Pie VII, de Léon XII et de Pie VIII, de glorieuse mémoire.

La mission principale et apparente que remplissait Félippo, le seul nom qu'il portât, était d'être un lien entre les couvents des pays italiens qui avaient des associations religieuses, et le zèle généreux des autres pays où il n'y avait pas de monastères.

Il portait aux uns les dons, les largesses, les libéralités et les aumônes des autres.

Avec cet argent du dehors, on entretenait les pauvres couvents et l'on en fondait de nouveaux, afin d'accroître et de soutenir les établissements monastiques, en étendant leur action et leur influence.

Félippo parcourait sans cesse les États du royaume Lombardo-Vénitien et toute la rive méridionale de l'Italie.

Il quêtait sans relâche dans ces provinces où vivaient

encore dans les cœurs les regrets d'avoir perdu les couvents et l'ardent désir de les voir rétablis.

Félippo pénétra quelquefois en France par les Alpes, en Allemagne par le Tyrol, et dans les cantons catholiques de la Suisse par les gorges de la Valteline et par les vallées des Grisons.

Partout il faisait d'abondantes récoltes.

Lyon, le Dauphiné, la Provence, où s'étaient conservées, dans toutes leurs forces, les anciennes traditions, étaient surtout des terres fécondes ouvertes aux quêteurs étrangers.

Félippo menait une existence errante; il ne passait jamais deux nuits dans le même endroit.

Les monastères, quand il était en terre monastique, formaient pour lui des étapes où il était hébergé, ainsi que son cheval, le fidèle compagnon du voyage.

Chaque abbaye lui était un abri confortable et lui offrait une douce hospitalité.

Malgré tout le bien-être et l'indépendance de cette vie nomade, Félippo s'ennuya de parcourir toujours le même chemin et il prit la résolution de visiter d'autres zones dont l'éloignement et les merveilleuses descriptions qu'il en avait lues le séduisaient.

Il sollicita et obtint de la congrégation de la Propagande de faire partie d'une mission religieuse qui allait partir pour Siam.

Ce fut dans cet empire qu'il rencontra le baron de Penmarck ou le comte, titre qu'il portait dans son manoir de Bretagne, sans autre nom.

A de telles distances, deux Européens sont compatriotes.

Le caractère aventureux de Félippo plut au comte et l'intrépidité du marin français charma l'Italien.

En fort peu de temps, ils s'unirent par une étroite amitié.

Le concours de Félippo, qui avait à sa disposition les moyens de transport, de communication et de correspondance établis par les missionnaires, fut au comte d'une grande utilité pour ses relations commerciales.

Félippo, auquel son nouvel ami offrit de partager les bénéfices immenses qu'il avait faits, refusa généreusement cette offre.

— Il vivait de si peu, disait-il, que ces richesses, dont il ne saurait que faire, l'embarrasseraient.

Entre le comte et Félippo, il y eut de fréquentes effusions de confiance; le comte lui révéla tous ses projets pour l'avenir, et ce fut Félippo qui indiqua M. de la Bienvenue comme l'homme dont la vanité donnait le plus de prise à la démarche que le capitaine Roch fit auprès de lui.

Les événements et les vicissitudes de leurs excursions les séparèrent pendant quelques années; mais ils se retrouvèrent avec une affection qui s'était fortifiée en subissant l'épreuve d'une longue absence.

Comme le comte pouvait avoir besoin de Félippo, celui-ci ne lui laissait jamais ignorer le lieu de sa résidence, et entretenait avec lui une correspondance active qu'il savait lui faire parvenir où il se trouvait.

Après la mort de la jeune femme, le comte avait écrit à Félippo de venir le trouver au château de Penmarck, pour une affaire urgente qui ne souffrait point de retard.

Félippo, ainsi qu'il avait coutume de le faire, se rendit promptement à cette invitation.

C'était lui que Trème et Eric avaient vu gravir le rocher

Entre Félippo et le comte, il existait, à leur insu, comme une espèce de pacte secret, dont nous verrons le développement dans le cours de ce récit.

M. de Penmarck, après la mort d'Anna, cherchait un homme sûr entre les mains duquel il pût confier son enfant, et Félippo se présenta naturellement à son esprit comme le meilleur dépositaire de ce trésor de famille.

De son côté, Félippo accepta avec joie le dépôt, et comme toutes ses pensées se tournaient par habitude vers le but de sa mission de quêteur, il pensa tout de suite à élever cet enfant dans des habitudes qui le porteraient plus tard vers une vocation monastique; ce qui devait donner un jour l'héritage d'une grande fortune à quelque établissement religieux.

Une nuit, M. de Penmarck donna le baiser d'adieu à son petit enfant, qui, tenu dans les bras de sa nourrice, entrait dans une voiture, sur le glacis du château.

— Je vous en rendrai bon compte un jour, dit Félippo.

Et la voiture partit de toute la vitesse de ses chevaux.

FIN DU PROLOGUE.

§

Les cavaliers.

Après la révolution de 1830, les salons de l'aristocratie se divisèrent en deux espèces nouvelles.

Une partie des légitimistes adopta le nom, le maintien et l'hostilité des *boudeurs*.

Une autre faction se forma dans le sein de la race noble et opulente.

Ce fut celle des *cavaliers*.

Les *boudeurs* appartenaient, pour le plus grand nombre, à l'âge mûr et à la vieillesse.

C'étaient les aïeux.

Les *cavaliers* se composaient surtout de jeunes gentilshommes.

C'étaient les descendants.

Les allures de ces deux classes différaient entre elles par des signes manifestes, dont le souvenir est la meilleure histoire que l'on puisse faire de cette phase singulière de la société parisienne, au sortir d'un tremblement de terre politique.

Un bon nombre de ces familles excitaient toutefois, dans tous les cœurs honnêtes et généreux, de vives sympathies.

De hautes fortunes s'étaient subitement écroulées.

Tout ce qui tenait au service de la couronne, si magnifiquement rétribué par la munificence royale, se trouvait frappé par une ruine subite, et de la richesse tomba dans la pauvreté.

Ceux dont les emplois furent supprimés par cette brusque secousse, perdirent presque toutes leurs ressources, en perdant les beaux traitements qui y étaient attachés.

Une multitude d'infortunes que, depuis quinze ans, soulageaient les largesses royales, se virent privées de secours et plongées dans la plus profonde détresse.

Le sentiment public, il faut le reconnaître, se montra plein d'égards pour ces justes douleurs, et ne s'offensa pas de ce que ceux qui souffraient tant se montrassent mécontents et affligés.

Nous devons dire aussi que dans la majorité de ces nobles vaincus, il y eut une dignité qui ne se démentit pas.

Chez quelques-uns seulement, on rencontra une exaltation funeste, et malheureusement ils entraînèrent une opinion jusque-là restée grande en sa résignation, dans des démonstrations insensées et dangereuses.

Le 13 février 1831, anniversaire funèbre de la mort du duc de Berry, tombé sous le poignard d'un assassin, les légitimistes firent célébrer, dans l'ancienne paroisse royale de Saint-Germain-l'Auxerrois, un service de commémoration, dans lequel ils affectèrent de multiplier par des signes extérieurs, par des chiffres et par des emblèmes, les témoignages de leur ressentiment contre le nouvel ordre de choses.

Une multitude irritée se rua dans l'église, renversa la pompe du service funèbre, chassa ceux qui l'entouraient. L'église fut saccagée; tout fut brisé et détruit en un moment.

Ensuite, la foule se mit en marche vers l'archevêché, qui fut démoli.

Il est impossible de donner une idée exacte de l'aspect de Paris, pendant ces événements presque sans exemple dans les annales de la vieille cité.

La population semblait s'être partagée en deux masses égales.

L'une s'était portée au tumulte et remplissait les quais de désordre et d'agitation, tandis que la Seine charriait les débris de l'archevêché, de la bibliothèque, perte à jamais regrettable, et de tout ce qui appartenait au pasteur métropolitain.

L'autre s'était répandue sur les boulevards où le carnaval fêtait le Mardi-Gras, en paradant le long de la chaussée sur deux files de carrosses.

L'émeute et la saturnale marchaient et se développaient sur deux lignes parallèles, avec le même élan et la même gaieté.

Sur les quais, on ne savait rien du carnaval.

Sur les boulevards, l'affluence des masques et des promeneurs qui les regardaient n'avait point l'air de se douter de ce qui se passait ailleurs.

Jamais on ne vit un tel contraste et un tel accord.

A cette époque, les choses et les hommes allaient si vite que, en quelques semaines, la journée du 13 février à 31 tomba dans le chaos des événements.

Cependant les hauts logis *boudaient* de plus en plus et resserraient le cordon de leur ligue contre le monde nouveau.

Les vieux gentilshommes et les douairières se plaisaient dans une situation à laquelle ils donnaient une importance qu'elle n'avait pas.

La jeunesse, les demoiselles et les cavaliers se plaignaient d'un calme qui les clouait dans l'ennui, lorsque tout le monde se livrait au plaisir.

Ils s'irritaient contre un système qui avait le tort de les retenir dans l'immobilité lorsque tout dansait autour d'eux.

Les jeunes filles se désolaient d'être forcées de se soumettre à ce joug, que les jeunes gens s'empressèrent de secouer.

Alors, on vit la jeune aristocratie quitter les demeures des ancêtres et descendre dans la rue, pour jouer un rôle dans la publique circulation.

Les salons persistaient à rester hermétiquement fermés.

Une bonne partie de ce que l'on est convenu d'appeler le beau monde n'était pas rentrée, et la haute société chômait presque tout entière.

La nouvelle cour n'existait pas encore.

Quant à la bourgeoisie, il ne fallait pas y penser.

Il n'y avait donc pour tous ces loisirs éperdus, qu'un terrain neutre : c'était celui des lieux publics.

Les cavaliers s'y montrèrent avec fracas et avec un luxe qui avait dans ses prodigalités une nouveauté imprévue, originale et piquante.

L'Opéra, qui était alors le chef-lieu des grandes et belles réunions, les recevait toujours brillants et nombreux.

Il ne faut pas confondre les cavaliers de cette époque, avec tout ce qui les a précédés et suivis.

Ils descendaient en droite ligne des cavaliers des Stuarts, qui opposaient leur faste, leur goût et leur élégance à la rudesse puritaine des soldats de Cromwell.

Ce n'étaient ni les raffinés d'honneur de Louis XIII, ni les marquis de Louis XIV; ni les roués de la Régence, ni les voluptueux de la cour de Louis XV, ni la jeunesse dorée, ni les beaux, ni les merveilleux, ni les incroyables, ni les dandys qui se sont succédé sous l'Empire et sous la Restauration, ni les lions, ni les sportmen contemporains.

De toutes ces familles fashionables, celle des cavaliers fut la plus parfaite; elle ne donnait pas, comme telle ou telle autre, dans une manie : elle cherchait avec impétuosité et avec passion tout ce qui paraissait bon et beau.

On ne vit pas les cavaliers s'occuper exclusivement de

duel ou de point d'honneur, bagatelles trop graves pour être divertissantes.

Ils n'étaient point futiles et badins et tout entiers aux soins de leurs personnes; la galanterie leur faisait peur parce qu'ils aimaient franchement et sincèrement les femmes.

La perversité leur parut toujours trop près de la corruption; sans se piquer de rouerie, ils se piquaient d'indépendance, en toutes choses. Ils évitaient ce qui touchait à une vanité mesquine et égoïste; le ridicule leur causait une frayeur atroce, et pour l'éviter ils écartaient toute idée extravagante.

Se consacrer au culte de sa propre toilette, leur semblait presque une dignité; ils suivaient la mode, mais ils ne la faisaient pas.

Les chiens et les chevaux leur plaisaient sans les asservir.

Ce qu'ils fuyaient avec une raison qu'on ne saurait assez louer, c'est le jeu.

La chose que les cavaliers poursuivaient avec le plus d'ardeur et avec une infatigable persévérance, c'était le plaisir qu'ils cherchaient sous toutes ses formes, sans se préoccuper d'une seule.

Pour le saisir, ils montaient ou ils descendaient, suivant la circonstance, se mêlant avec la même ardeur aux joies plébéiennes et aux distractions aristocratiques.

Ils ne craignaient pas de se confondre avec les masses pour en partager les rudes élans, la grosse joie, et de là, revenir dans les salons savourer les délices et les raffinements voluptueux de la vie prodigue.

Comme Alcibiade, les cavaliers savaient s'adapter à toutes les conditions et se faire aimer aussi bien à Athènes qu'à Lacédémone.

Ils ne se vantaient point, comme quelques lions d'à-présent, d'avoir très-bon ton en mauvaise société, et très-mauvais ton en bonne compagnie.

Trouver le bien-être dans son expression la plus vaste, tel était le but de leur existence; ils étaient philosophes et prétendaient que la fin de l'homme était de jouir de tous les biens que la nature avait mis à sa portée.

Ils étaient aussi économistes et disaient avec Adam Smith qu'ils voulaient être et être le mieux possible.

On ne pouvait imaginer une allure plus vive, plus sincère et plus intelligente que la leur pour une vie heureuse et constamment satisfaite.

Loin de toute contrainte, ils se laissaient aller à leurs instincts et à leurs goûts, ne craignant peut-être point assez le bruit, le trouble et les excès; mais sachant toujours se préserver du mal et de la sottise.

Leur sensualité était extrême et universelle; mais on n'en a point vu de plus morale que celle dont ils faisaient profession, dégagée de tout alliage vulgaire, grossier et brutal.

Ce qui donnait à leurs prouesses un attrait singulier, c'était une gaieté et une joie d'enfants.

Ils passaient la nuit et le jour à s'amuser, et ils dormaient quand ils pouvaient, ne prenant de souci au monde que des douceurs de cette existence dont, avant eux, rien n'avait donné l'idée.

C'était une félicité continue et dont le cours n'était pas troublé.

C'était aussi une réunion de défauts et de qualités qui se faisaient chérir ou pardonner.

D'ailleurs, bientôt nous les verrons à l'œuvre.

Les cavaliers, presque tous issus de noble famille, n'avaient point de préjugés nobiliaires; ils admettaient à leur soleil des jeunes compagnons qui n'étaient point nobles, pourvu qu'ils vécussent noblement.

Cette tolérance s'étendait à toute chose; on était si prodigue chez les cavaliers, que ceux-là même qui n'avaient rien, n'étaient jamais pauvres.

On y vivait avec une ampleur toute fraternelle.

Cette jeune génération était celle qui avait peuplé les derniers salons de la Restauration; pour ces *espoirs*, l'avenir se présentait avec les plus séduisantes promesses faites à leur fortune et à leur ambition.

Ils pouvaient tout obtenir, parce qu'ils croyaient pouvoir tout demander.

Parmi eux, il y avait une perspective de grandeur et d'élévation que leur permettrait l'hérédité de la pairie; même sans fortune, ils devaient, à l'aide d'une riche alliance, escalader le pouvoir.

Et trois jours de tumulte gaulois avaient renversé toute cette prospérité future; il y avait dans cette catastrophe un sujet d'éternelle douleur.

Les cavaliers, en gens habiles, n'y voulurent voir qu'un sujet de dissipations, et échappèrent ainsi avec une légitime fierté aux premières humiliations de la défaite.

Ils bravèrent avec une superbe et splendide arrogance ceux qui croyaient les avoir vaincus et terrassés.

C'était une compensation de leurs revers.

L'opulence qu'ils déployaient les vengeait d'ailleurs de triomphes qui n'avaient jeté aux vainqueurs que la détresse et l'oubli.

C'était, du reste, la meilleure manière de tirer parti de ce qu'ils nommaient entre eux l'*accident de Juillet*; pour que cet éclat arrivât au résultat qu'on s'en était proposé, il fallait qu'il eût lieu avec fracas et avec retentissement.

On verra avec quelle magnificence ce projet fut exécuté, afin d'accomplir cette condition importante.

Parmi eux, se faisait remarquer un jeune homme qui s'appelait Paul, sans qu'on lui connût un autre nom.

Comme il ne parlait jamais de ce qu'il avait ou de ce qu'il n'avait pas, on ne connaissait ni sa famille, ni ses ressources.

Ce personnage mystérieux était venu tout à coup, on ne sait de quel endroit, et s'était trouvé en quelque sorte au milieu du monde, comme s'il tombait du ciel.

Malgré l'obscurité dont il était enveloppé, Paul fut le bienvenu dans la société d'élite à laquelle il était adressé, par la main qui l'avait si subitement lancé dans ce tourbillon,

C'est que ce jeune homme avait été doué, on ignore par quelle magicienne, du don charmant de plaire, sans effort et presque sans le vouloir.

Paul, dans toute sa personne, était un composé gracieux et ravissant de tout ce qui attire et de tout ce qui séduit.

Si l'on essayait d'analyser cette aimable et délicieuse nature, on y rencontrait une harmonie parfaite de tout ce qui la composait; les diverses parties et le tout en étaient également agréables.

On apercevait en lui des traits empreints de noblesse, d'énergie et d'élévation, et aussi de suaves délicatesses.

Il était blond cendré, et cette nuance de chevelure se reflétait comme un mélange perpétuel de grâce et de beauté, de force et de douceur.

On se demandait sous quel climat était né cet être si bien pourvu de ce qui attire l'attention.

Aucun signe, aucun accent ne trahissait ce secret.

L'observation, l'examen et la curiosité éperdus et déroutés se demandaient aussi comment Paul savait le monde sans paraître l'avoir appris.

Il avait été présenté à la société dans laquelle il devait vivre, par un des plus riches banquiers de la haute finance.

Celui-ci avait donné à cet acte un appareil qui en avait fait dans ses salons d'or un véritable événement.

Après cette solennité, qui avait attiré sur le nouveau venu tous les regards, Paul sut tout de suite se faire pardonner cet éclat, par sa modestie, dont ceux même que sa position pouvait irriter lui surent gré.

Dès cette soirée, Paul fut adopté par le grand monde; son mérite et l'exquise distinction de sa personne et de son existence lui assignaient une des premières places dans l'opinion générale.

Ce qu'il y avait d'équivoque dans sa situation faisait de lui une façon d'énigme vivante, dont bien des tentatives cherchaient le mot sans le trouver.

Paul supportait impatiemment ces romans intimes qui voulaient le prendre, les uns, pour le héros de leur tendresse, les autres, pour la dupe de leurs fourberies et de leurs spéculations.

Pour échapper à ces inconvénients, il ne donnait au monde que les moments qu'il ne pouvait lui refuser; il préférait à cette feinte splendeur la bruyante et joyeuse compagnie de cavaliers.

Là, il respirait à l'aise, loin d'une atmosphère toute chargée de parfums et de mensonge, qui blessait à la fois son goût et sa franchise.

Son train était celui de ces existences qui ont pour devise de tout aimer et de s'amuser de tout.

Il avait fait pour sa vie, ce que la nature avait fait pour lui-même, il l'avait arrangée avec une heureuse intelligence.

Son appartement, ses gens, ses équipages, tout ce dont il se servait faisait partie d'un ensemble régulier et ordonné avec le sentiment d'une symétrie parfaite.

Rien de tout ce qui l'entourait ne lui était indifférent; il en faisait une portion de lui-même et la mettait d'accord avec toutes les autres.

C'était ainsi que, sans peine, il conduisait une maison considérable.

Dans le monde et avec ses amis, Paul n'était point magnifique; mais il avait une libéralité naturelle, pleine de générosité et de désintéressement.

Comme il ne demandait de services à personne, on s'abstint de s'occuper des moyens dont il disposait; on ne connaissait de lui que des traits d'obligeance, des actions qui honoraient son cœur, et ces titres trouvaient grâce devant la calomnie et la médisance des foyers de théâtre et des salons.

Les traits de ce caractère excellent se développeront d'ailleurs avec l'ordre de ce récit.

Malgré l'égalité qui régnait parmi les cavaliers, Paul en était réellement le chef.

On le reconnaissait généralement pour le type du cavalier pur sang.

La particule brillait par son absence, devant son nom : il était si parfait gentilhomme, qu'un titre ne l'eût pas anobli davantage; il portait son blason avec lui, tout d'une pièce comme un prince qui voyage incognito, et trahit sa haute naissance en marchant.

II

Aux Vendanges de Bourgogne

Ce cabaret est fameux dans l'histoire du carnaval parisien.

Dans les jours gras de 1832, cet élégant jeune homme, ce brillant cavalier que nous désignons par le simple nom de Paul, dormait d'un profond sommeil dans une salle des *Vendanges de Bourgogne*, lorsqu'il fut réveillé par un ami d'occasion qui venait aussi de prolonger sa nuit bien avant dans le jour.

Paul se leva, regarda l'heure à une petite montre d'or, et dit ce seul mot :

— Partons !

La salle, jonchée de débris et d'assiettes, ne rendait pas bon témoignage de la nuit écoulée.

Les bougies expiraient à niveau des bobèches.

On apercevait çà et là des verres pleins de champagne que n'avait pu vider la soif trop étanchée des buveurs, et un vaste bol de punch, tout souillé de scories comme un volcan éteint.

Paul, en apercevant ce honteux tableau, ne put retenir un mouvement de confusion, et en sortant il se détourna brusquement pour échapper à cet aspect qui paraissait l'importuner.

Parmi eux se faisait remarquer un jeune homme. (Page 22.)

Ces deux cavaliers portaient sous leur manteau un déguisement.

L'un avait choisi un costume d'officier des gardes-françaises; il avait attaché à son chapeau un nœud de ruban blanc, épanoui en cocarde.

Son habit était richement galonné d'argent, et la poudre de sa coiffure donnait à ses traits un air tout à fait aristocratique.

Cet uniforme brillant et coquet, il en rehaussait l'élégance par la grâce de sa taille et de son maintien.

Paul était revêtu d'un costume écossais; il avait adopté celui du chef du clan des Mac-Donord, aux couleurs blanche et verte, croisées et quadrillées.

Tout l'arrangement de sa mise était à la fois exact, pittoresque et magnifique.

Ses jambes étaient chaussées jusqu'aux genoux de sandales et bandelettes de velours cramoisi, soutachées d'or.

Une courte tunique de soie blanche et verte laissait apercevoir les genoux nus, ainsi que l'extrémité des cuisses, nues aussi, selon la rigueur du costume des *Highlanders*.

Des fourrures précieuses en garnissaient le devant, comme une espèce de tablier, et là étaient suspendues ses armes, toutes rayonnantes de ciselures admirables et d'étincelantes incrustations.

Une corne de chamois toute garnie de reliefs d'or, de rubis et d'émeraudes, était la principale pièce de cette parure guerrière.

Autour de son cou, à une chaîne d'or, à gros anneaux, était attaché un lourd médaillon de même métal, représentant les insignes du clan; la forme de ce joyau était ancienne et sauvage.

Sur sa tête était légèrement posée une toque de velours vert, bordée d'une bande d'hermine, au-dessous de laquelle se dressait une plume nuancée et effilée, sortant d'une touffe de rubans blancs et maintenue par un bouton de gros diamants.

Le plaid était jeté sur ses épaules avec une grâce négligée.

L'opulence et l'harmonie de ce bel ajustement étaient un peu compromises et froissées par les ébats d'une nuit agitée et tumultueuse.

Mais dans l'habit et dans celui qui le portait de si bon air, il y avait une noblesse que rien n'avait altérée et qui avait traversé la fange sans en être touchée.

Toutefois, ce n'est point en ce moment que nous voulons montrer Paul, et nous sommes tout aussi embarrassé qu'il l'était lui-même, de l'avoir surpris dans une semblable situation.

La nuit qui séparait le mardi gras du mercredi des cendres venait de finir.

En cette année 1832, le carnaval de Paris avait subi une véritable révolution, et ce millésime historique est une grande date dans ses annales.

Ces souvenirs se rattachent si étroitement à l'ordre des événements au milieu desquels agissent les faits et les cho-

La jeune fille s'appelait Fleurette. (Page 30.)

ses de ce récit, que nous leur devons toute notre attention.

Sans remonter trop haut dans l'histoire du carnaval de Paris, et sans faire parade d'une érudition facile, nous prendrons pour point de départ le commencement du siècle actuel.

Ces détails rétrospectifs portent avec eux un certain intérêt historique au moment où le carnaval menace de briser ses marottes, où la folie des jours gras se fait raisonnable dans les rues, soit par luxe de bon sens, soit par hypocrisie de gravité.

En 1800, on revint aux habitudes du plaisir; on se livra à une dissipation furieuse d'extravagance, de prodigalité insensée, d'un luxe excessif, d'une impudente sensualité sans goût et d'un faste plus rempli d'orgueil et d'affectation que de grâce et d'élégance.

Le carnaval, longtemps interrompu, reprit, à Paris surtout, une ardeur nouvelle, et se livra sans réserve aux entraînements de cette époque, qui continuait ce que l'on a appelé l'*orgie du Directoire*.

Les années de terreur que l'on avait traversées furent bientôt oubliées par la frivolité des impressions récentes; on ne se rappela les calamités des jours douloureux que pour les convier à la bacchanale qui courait les rues.

A de formidables traditions encore toutes palpitantes, on n'emprunta que de grotesques et plaisantes idées.

Madame Angot, l'héroïne du nouveau carnaval renaissant et que le théâtre a présentée aux transports de la foule sous les formes les plus variées et les plus divertissantes, était le type des ridicules de la fortune scandaleuse des nouveaux enrichis par les audacieuses dilapidations des marchés, des fournitures et de la vénalité administrative du Directoire.

Elle était accompagnée par M. le chevalier son fils, et par Jeannot, son valet, si célèbre par son immortel couteau auquel il mettait successivement un manche et une lame, et qui était toujours le même.

Jeannot fut longtemps en possession d'amuser tout Paris.

Madame Angot, sa famille et ses gens, ont fait sur la scène, de vaudeville en vaudeville, le tour du monde; on les a conduits jusque chez le khan des Tartares et sur le Pont-Euxin.

Ces masques, peu connus aujourd'hui, malgré leur vogue d'alors, étaient issus de la fin du dernier siècle et nés de la grande révolution.

Cadet Roussel et Jocrisse, ces deux figures si populaires, sont issues de la même race.

Les anciens masques reparurent; ils se composaient surtout des personnages de la comédie italienne :

Il signor Polichinelle de Bergame, Pantalon, le seigneur vénitien, et les deux arlequins, *le chat* et le *balourd*, jumeaux de Bergame, Gilles, leur éternelle victime, dont on a fait Pierrot.

Ces amusements ne firent que s'accroître dans les années suivantes.

Sous l'empire, le carnaval de Paris eut, au temps des glorieuses prospérités de Napoléon, ses pompes, ses splendeurs et ses ébats.

Il était complétement passé dans les goûts de la population parisienne, et fort avant dans ses bonnes grâces.

Ces journées de liesse jouissaient comme actuellement de franchises héréditaires auxquelles rien ne peut les faire renoncer.

A aucune époque, notre carnaval ne s'est piqué d'une stricte observation des convenances, dont il a même presque toujours poussé trop loin le mépris.

Dans ses anciens transports, l'esprit et la gaieté faisaient beaucoup pardonner.

Le *Catéchisme poissard* que l'*enguenlement* vociférait dans les rues n'était assurément ni civil ni honnête, et son langage pouvait blesser plus d'une oreille pudique et modeste.

Au milieu de ces excès il savait pourtant garder une certaine retenue dont on lui savait gré.

Rien, dans ces heures de liberté, ne contrariait son indépendance ; mais il s'abstenait des grossièretés obscènes et des révoltantes abominations dans lesquelles il est tombé quelquefois depuis.

La popularité dont jouissait le carnaval était générale ; toutes les classes de la société s'y mêlaient et y prenaient part sans trop de façon.

Les promenades du bœuf-gras, qui donnaient le signal de ces réjouissances, commençaient ici le jeudi gras ; elles s'arrêtaient le vendredi et le samedi, pour reprendre le dimanche, le lundi et le mardi gras.

Maintenant, elles n'ont plus lieu que le dimanche et le mardi gras, pendant deux jours au lieu de quatre.

Pour célébrer dignement les trois folles journées, les habitants de Paris rivalisaient de zèle, et dans l'après-midi du dimanche et du mardi, en dépit de tous les obstacles, ils s'abandonnaient sans frein à un élan général.

Les points principaux sur lesquels se réunissaient les masques et les promeneurs étaient les boulevards, la rue Saint-Denis, la rue Saint-Honoré et les quais, dans toute leur longueur.

L'affluence y était toujours considérable.

Les carrosses de masques s'y établissaient sur deux files, les cavalcades et les équipages somptueux occupaient le milieu de la chaussée, la foule des curieux se pressait des deux côtés.

Le cortége du bœuf-gras prenait le pas sur tout le monde ; les voitures royales elles-mêmes lui cédaient cette préséance.

Une fois, le triomphateur opime rencontra le roi Louis XVIII, qui était venu en simple calèche rendre visite au carnaval : ce prince était d'une vaste et épaisse corpulence.

La musique qui précédait le bœuf voulant rendre les honneurs dus à Sa Majesté, exécuta le seul air qu'elle sût : c'était celui du quatuor de *Lucile* :

Où peut-on être mieux qu'au sein de sa famille ?

La multitude applaudit cette fâcheuse allusion, avec une irrévérence toute carnavalesque.

Louis XVIII était homme d'esprit ; il se mit à rire et s'unit franchement, du moins en apparence, à l'hilarité publique, qu'il encourageait de la voix et du geste ; et cette fois, ce fut cette saillie du souverain que la foule salua de ses acclamations.

Sur les quais et dans les rues, on était partout aux fenêtres et aux balcons pour voir passer le carnaval.

Le spectacle que présentait alors ce long défilé, tout diapré de couleurs diverses et de l'éclat des paillettes et des oripeaux d'or et d'argent dont il se parait, était d'un aspect brillant et animé.

Les cris, les chants, le bruit des trompes et les sons des cors et des trompettes retentissaient et ajoutaient au mouvement de cette courte vie des jours gras.

Entre les masques, les promeneurs et les personnes qui les regardaient par les fenêtres, c'était un échange perpétuel de clameurs et de disputes burlesques.

Ce plaisir paraissait être le plus agréable aux mascarades et à la multitude.

Le carnaval parisien reflétait alors dans la physionomie vive et mobile de ses traits, les caractères les plus opposés et les plus multipliés.

Il y venait des députations de tous les peuples ; les quatre parties du monde connu y avaient leurs représentants.

Les Espagnols du temps de Ferdinand et d'Isabelle, d'autres avec leurs chapeaux à plumes et le manteau.

Les Allemands avec l'uniforme de Frédéric-le-Grand, les Russes enveloppés de fourrures, les Hongrois, les Polonais, les Suisses, les Savoyards, les chevaliers avec leurs armes, les Turcs en petites vestes, en dolimans et coiffés de gros turbans, des Indiens, des Chinois, des Arabes et des sauvages avec des peaux de tigre, la massue et la couronne de plumes droites, y étaient réunis dans un groupe grotesque d'inconcevables costumes vrais ou faux.

Le carnaval de Paris n'était pas seulement de tous les pays, il était de tous les temps.

Des marquis et des marquises, des jeunes seigneurs et de vieilles douairières, les bergers et les bergères du dix-huitième siècle lui rendaient visite.

Tout l'Olympe descendait du ciel pour prendre part à ses jeux ; l'allégorie et la fable couraient les rues et sautaient les ruisseaux.

Les devins, les nécromans, les fées, les génies et les enchanteurs de toutes les sorcelleries s'en allaient par la foule, se moquant des gens en leur disant leur bonne ou mauvaise aventure, dans une prose rimée au hasard.

Les enfants de Paris y étaient en grand nombre et très-élégants.

Les forts de la halle et les dames du carré des Innocents y faisaient admirer leur riche et attrayant costume tout enrubanné.

Les belles *poissardes* y étalaient la richesse et la profusion de leurs dentelles et le luxe de leurs bijoux d'or massif.

L'honneur du carnaval parisien appartenait à la bourgeoisie de Paris.

En carrosse, des familles tout entières s'entassaient cosfumées et masquées, et, ce jour-là, les plus paisibles gens devenaient turbulents et tapageurs.

Les voitures de masques étaient généralement remplies dans toutes leurs parties ; l'intérieur, l'impériale, le siége du cocher, les derrières et les portières étaient envahis; ces chars roulaient sous des pyramides de costumes, au bruit des lazzis et des cris de joie d'une foule qui exprimait ses ravissements par des huées ou des bravos.

Plusieurs théâtres, parmi lesquels nous citerons surtout celui des frères Franconi, demeurés longtemps fidèles à cette coutume, organisaient des cortéges et de grandes et fastueuses mascarades, formés par le personnel de la troupe, et qui se composaient de fanfares, d'un char et d'une troupe de cavaliers divisés en deux pelotons, l'un en avant et l'autre en arrière.

Le premier bal de l'Opéra renaissant eut lieu sous le Consulat, le 25 février 1800.

Ce fut un véritable événement.

En ce temps-là, on dansait aux bals qui se multiplièrent à l'infini ; on ne se livrait pas à cet horrible dévergondage des sauts et des contorsions du carnaval actuel, dont nous ont doté les progrès et la civilisation contemporaine, au grand détriment de notre considération nationale, et au grand dommage de notre honnêteté.

On apportait alors du goût dans les fêtes.

A l'Élysée-Bourbon, un vaste théâtre fut construit sur la pelouse du jardin, en face du palais.

Le spectacle commença par une entrée de l'empereur et l'impératrice de la Chine, suivis de leur cour, et devant lesquels leurs fidèles sujets dansèrent un ballet chinois, ruisselant de paillettes.

La Folie, qui, dans la mythologie du carnaval, présidait à tous les divertissements, animait le carnaval, et les danses reprenaient.

C'étaient les masques que nous connaissons déjà et auxquels on avait ajouté des mezzetins, des crispins, des matamores et la mère Gigogne, si renommée pour sa merveilleuse fécondité.

Cela s'appelait : UN CARNAVAL DE VENISE.

Ces distractions se prolongèrent jusqu'à l'hiver de 1812.

Alors les désastres et les calamités remplacèrent la gloire, les triomphes et la prospérité de la France. Le carnaval prit le deuil.

Sous la Restauration, le carnaval fut galvanisé par des efforts d'administration; la joie publique eut son tarif; on s'égayait à tant l'éclat de rire.

Les mœurs constitutionnelles semblaient avoir porté le dernier coup à des folies qui pouvaient compromettre les petites ambitions électorales de tout le monde.

Le bœuf-gras passait toujours aux époques anniversaires, mais les Druides officiels étaient tristes, et les déesses moroses ; il n'y avait sur le char triomphal que des sages de la Grèce et des Minerves. Cupidon se montrait vieux et triste.

C'en était fait du carnaval, comme dit la tragédie, lors-

que 1830 ralluma sa torche, expirante devant le tombeau de Momus.

Ici commence une ère nouvelle, dans laquelle nous entrons, en suivant le cours de notre récit.

Les cavaliers furent les principaux instruments de cette révolution.

Nous allons les voir à l'œuvre.

Le jour suprême du carnaval étant venu, vers deux heures, par un de nos pâles soleils d'hiver, l'affluence qui couvrait les boulevards vit se mettre en marche sept ou huit calèches pleines de personnes déguisées et costumées avec une remarquable élégance.

Les femmes seules étaient masquées, les hommes étaient tous jeunes et de belle prestance ; on remarquait que presque tous portaient des habits de l'ancien régime, pour avoir le droit de se parer de la cocarde blanche.

Tous les riches uniformes d'autrefois y figuraient; le siècle de Louis XIV y brillait auprès des traditions des époques galantes et chevaleresques.

Ces dispositions formaient un contraste piquant avec le costume des femmes qui avaient toutes préféré aux vieux usages les fantaisies nouvelles.

En avant de cette carrossée, des sonneurs de trompe à cheval et portant la livrée des veneurs d'autrefois faisaient retentir les fanfares de chasse.

Les cavaliers qui étaient dans ces voitures se tenaient debout, et en apostrophant la foule ou en lui répondant, ils évitaient avec soin tout ce qui pouvait prêter à cette promenade un but politique.

Un incident qu'ils n'avaient pas prévu faillit compromettre cette modération.

Au balcon d'un cercle de la rue de Grammont, le duc de T..., un des plus fidèles orateurs de la Chambre des pairs, et demeuré constant à ses affections royalistes, fut salué par des acclamations parties d'une des calèches.

L'affluence des promeneurs s'émut ; un rassemblement menaçant se forma sous le balcon, et l'on put craindre un instant de voir se renouveler les émotions funestes du 13 février 1831.

Paul et Rodolphe, à la vue de ce péril si inattendu, et devant une lutte si contraire à leurs intentions, descendirent de voiture, allant droit aux meneurs de cette naissante émeute, et leur firent comprendre l'imprudence de ces irritations.

Leur langage fut si ferme, si noble et si imposant, que les groupes se séparèrent tout de suite, et que les voitures, au grand plaisir de tous ceux qui admiraient les cavaliers, purent reprendre leur marche.

Depuis cet endroit jusqu'à la Bastille, dans toute la longue étendue des boulevards, qu'ils parcoururent d'un bout à l'autre, ce ne fut plus qu'un triomphe.

Les dames surtout se montraient empressées à saluer ces jeunes gens si galamment vêtus et d'un faste si joyeux.

Les cavaliers répondaient à ces félicitations par les témoignages d'une courtoisie charmante et prodigue ; ils envoyaient de tendres saluts qu'on accueillait en souriant;

ils lançaient aux fenêtres et sur les balcons, des fleurs, des oranges et des bonbons avec force compliments des plus agréables et des mieux tournés.

Sur les bas-côtés la multitude battait des mains.

Ce fut un succès immense dont tout Paris fit son entretien.

Les cavaliers furent les lions de la journée, et leur distinction aristocratique ne fit qu'augmenter l'enthousiasme qu'ils inspiraient.

Le soir, ils parcoururent la ville aux flambeaux, à la clarté des torches et toujours aux sons des trompes qui les précédaient.

C'était vers minuit, au moment où la population se rendait en masse aux bals masqués.

Ce spectacle était nouveau pour elle, et en le voyant passer, elle poussait d'universelles acclamations.

Les cavaliers furent les héros de la nuit comme ils avaient été les rois du jour.

Au moment où les astres de ces nuits radieuses indiquaient par l'affaiblissement de leurs clartés le moment de la retraite, les cavaliers reprirent leurs voitures, leurs torches ardentes et leurs trompes qui, dans ces ténèbres rougies par des lueurs fumeuses, ressemblaient à ces cornets d'enfer qu'on entendait déjà à l'Académie royale de musique, nécropole des ténors.

Ils se rendaient au pandœmonium de la descente de la Courtille, pour faire fraterniser dans une dernière étreinte le carnaval du dedans avec celui du dehors, les masques de Paris avec ceux des barrières, le luxe des uns avec les misères des autres, et, dans les ruisseaux, faire rouler avec la lie et la fange quelques paillettes d'or.

Il est impossible de donner une idée exacte de cette colossale ignominie qui s'appelle la *descente de la Courtille*, et que, dans une langue plus vulgaire, on nomme le *Longchamp du carnaval*.

D'abord, au milieu des ténèbres épaisses, presque visibles et tout empreintes de miasmes et d'émanations vineuses et fétides, les voitures qui montent et celles qui descendent se heurtent dans l'obscurité, avec des cris atroces et des imprécations furieuses.

La dispute et l'injure en viennent bientôt aux coups, qui ne tardent pas à se mettre de la partie.

Si l'on parvient à gravir la pente raide et boueuse du faubourg du Temple, à mesure que l'on avance, les obstacles, le danger et les embarras de toute nature se multiplient, et la confusion devient plus horrible.

On marche entre deux haies vives dont le flux et le reflux bordent la chaussée ; on monte cerné, flanqué, pressé et froissé par l'insulte, par l'outrage et par une ivresse dont la déraison, le trouble et la perversité sont effroyables.

On a tout à redouter des inspirations méchantes et féroces que l'on coudoie dans ce trajet immonde.

Au sommet de cette voie néfaste est le cloaque de fange, comme ces lacs qu'on est si étonné de voir suspendus et creusés sur de hautes montagnes.

Là, se trouve une mascarade infecte et délirante ; mais, heureusement, les premières lueurs du jour commencent à percer la nuit, au moment où l'on atteint le pied des pentes les plus ardues.

Si, en cet endroit, on rencontrait le désordre que, malgré l'active vigilance de la police, on a trouvé plus bas, il faudrait désespérer du retour et se voir engagé sans issue dans ces régions du mal.

Située à l'extrémité du faubourg du Temple, à laquelle on arrive par le boulevard en traversant le canal, la Courtille est composée d'une longue rue qui s'étend dans un espace de près de six kilomètres, depuis la barrière jusqu'au parc Saint-Fargeau, presque sur la crête des prés Saint-Gervais.

Jusqu'au quart de cette colline, elle est formée de deux rangs de hautes maisons, cabarets où les buveurs s'entassent à tous les étages, y compris la mansarde et l'entresol.

Le samedi, veille du dimanche gras, les cavaliers s'étaient réunis dans leur jeu de paume, rue Mazarine, peut-être en souvenir de l'infortuné duc de Berry, qui, de 1815 à 1820, a fréquenté cet établissement.

Les habitudes parlementaires avaient mis à la mode les délibérations, les votes, les scrutins, et toutes les fois que trois personnes se trouvaient réunies, on nommait un président, un côté gauche, un côté droit ; on demandait la parole, on discutait, on délibérait, on votait, on passait à l'ordre du jour, le président se couvrait en signe de détresse : on ne concluait pas.

Les grandes choses sont toujours parodiées par les petites, dans notre pays d'imitation.

Paul était le plus jeune des cavaliers, il avait à peine vingt-deux ans ; mais son mystérieux passé lui donnait une intelligence précoce et le vieillissait à vue d'œil ; il avait moralement l'âge requis pour la députation.

Dès qu'il se leva pour demander la parole, tout le jeu de paume battit des mains, et un silence général succéda tout de suite à ce bruit si flatteur.

Il prit une chaise par le haut du dossier, la fit pirouetter lestement, et s'en servit comme d'une tribune d'occasion, pour prononcer son petit discours de début.

— Messieurs! dit-il, l'an dernier, à pareil jour, nous fûmes vaincus par une population en fureur à Saint-Germain-l'Auxerrois. On nous croit morts et inhumés ; il faut montrer à nos vainqueurs que nous vivons, et que la terre est à nous comme à eux. Nous avons la liberté des jours gras, à défaut d'autre ; il faut en user, et même en abuser avec discrétion. Demain dimanche, jour de folie autorisée, nous perdrons notre sagesse, à heure fixe, et nous ferons une démonstration éclatante, comme les morts n'en font pas. Nous danserons partout où nous entendrons grincer un violon, ou crier un orchestre. Nous sommes de la race de ceux qui dansent et qui se battent avec un égal succès. Nos pères ont construit le même jour une citadelle et une salle de bal à Pondichéry ; nos pères ont ouvert la tranchée de Lérida, au son du violon, et ils ont pris cette ville en dansant. A nous gentilshommes, à nous la danse, puisqu'on ne se bat plus! A nous les folies du carnaval, puisque la charte de 1830 ne nous accorde que la liberté d'être fous! Nos vainqueurs ont eu leurs trois jours maigres de Juillet, donnons-nous les trois jours gras du carnaval! Jeunes morts, ressuscitez!

Ces paroles furent accueillies par des acclamations enthousiastes; on ne voulut pas délibérer, on voulut agir, et le programme donné par le jeune Paul fut exécuté.

On était encore à l'époque des programmes; l'Hôtel-de-Ville les avait mis à la mode.

Ici, nous devons encore constater une de ces vérités de lendemain qui étaient paradoxes la veille.

Le carnaval parisien produit une foule d'incidents qui ont une influence prodigieuse sur l'avenir de l'homme et de la famille.

A cette époque de fièvre, la raison et le bon sens reçoivent de graves atteintes, et les caractères se transforment en bien ou en mal avec une incroyable facilité.

La sagesse ancienne avait inventé les saturnales non dans l'unique but de briser le frein de toutes les passions humaines, et de leur permettre d'arriver au paroxysme; mais pour voir si la surexcitation du mal n'avait pas le pouvoir de donner aux hommes l'idée du bien dans la violente secousse d'un contraste.

Quelques bons effets furent produits par les mauvaises causes; ainsi, au milieu de la fiévreuse liberté de décembre, les maîtres eurent un jour l'idée de servir leurs esclaves à leur table, et de subir les rigueurs de l'esclavage à leur tour.

Beaucoup de maîtres, dit-on, tirèrent profit de l'épreuve, et montrèrent beaucoup plus de mansuétude envers leurs serviteurs.

Ce fut un des grands bénéfices du carnaval romain.

Le carnaval moderne a souvent donné aux avares la vertu de la générosité, aux hommes sédentaires le goût de la locomotion; aux gens mélancoliques, les voluptés du rire; aux célibataires incurables, l'idée du mariage.

Cette dernière transformation est la plus commune, et les registres des états-civils en font foi.

Les hommes qui ont doublé le cap de la quarantaine avec l'intention bien arrêtée de mourir dans un tranquille et ennuyeux célibat, sont agités, à leur insu, par le fracas extérieur du carnaval, et à force de regarder la rue, et d'écouter les violons du voisin, ils rompent leur ban d'égoïstes; ils sentent refleurir leur jeunesse; ils se laissent entraîner dans le tourbillon, acceptent des cartes de bal ou des invitations de soupers, se mêlent au monde, s'étourdissent dans ses folies, et tombent, avant le mercredi cinéraire, dans un piège innocent, tendu au milieu d'un quadrille, ou sous le mystère d'un domino.

Un beau matin, à leur réveil, ces célibataires invincibles se trouvent mariés.

Le jeune homme qui voit devant lui une longue carrière de célibat et ajourne le mariage aux calendes grecques de l'Hymen, s'abandonne avec la frénésie de son âge à l'ivresse folle du carnaval, il roule dans ce fleuve de masques et de dominos, qui ne donne que du bruit aux oreilles et ne laisse rien au cœur; il enroue son larynx dans cet argot étourdissant qui est la langue des muets; il épuise ou brise les coupes à ces festins nocturnes qui ont un lendemain si triste, un soleil si noir, et passant ainsi, en quelques jours, à travers toutes les frivolités et toutes les déceptions d'une longue vie, dont le carnaval est la courte image, il songe aux ennuis du célibat, et à travers la poussière philosophique du mercredi funèbre, il aperçoit l'oasis du mariage, éclairée par une étoile d'un bal de famille, astre modeste qui luit encore quand les lustres publics du carnaval sont éteints sous des haillons.

Maintenant, reprenons notre récit; ces réflexions sur le carnaval serviront peut-être, mais plus tard.

C'était la première fois que Rodolphe et Paul, les deux beaux cavaliers, se trouvaient au milieu de cette abjection; ils avaient suivi leurs compagnons sans trop savoir où ils allaient.

Ils se regardèrent avec effroi et se serrèrent la main avec un muet désespoir.

Leur angoisse était d'autant plus extrême, que le flot des saturnales montait jusqu'à eux.

Il y a une heure où cette tourbe passe à un état d'emportement qui ne lui permet plus aucune réflexion; alors elle se livre à des violences sans égales et devient aussi hideuse qu'irritée.

Ce qui excite en elle ces fureurs et cette rage, c'est la curiosité de ceux qui viennent la regarder dans un abaissement dont elle a l'instinct et la conscience.

Elle se révolte contre un empressement qui semble la flétrir.

Lorsque cette tempête commence à gronder, ce sont d'abord des cris rauques et glapissants, poussés par des voix enrouées et des gosiers brû par les ardeurs de l'ivresse.

La folie arrive au comble; les bruits éclatent en rugissements et hurlent avec des sons traînants et prolongés qui se répondent les uns aux autres comme le dialogue infernal d'une immense provocation.

C'est effectivement un appel à toutes les malfaisantes passions qui bouillonnent dans cette tempête humaine.

Alors, la foule qui occupe la rue se précipite sur les voitures, ouvre les portières, injurie ceux qui sont dans l'intérieur, essaie de les en faire sortir, pour les traîner dans la rue, et se venge de sa propre impuissance en couvrant de boue ceux qu'on ne peut arracher de leur place.

Rodolphe, Paul et la troupe des cavaliers opposèrent à ces atteintes une telle résistance et eurent une contenance si résolue, qu'on se contenta de leur jeter des insultes... mais de loin, et sans oser les approcher ou se commettre avec eux.

Paul qui ressentait un dégoût profond pour ces indignes brutalités donna le signal du retour, en cherchant quel était le moyen le plus prompt et le plus sûr de sortir de cette bagarre.

Il fit faire une halte aux calèches qui étaient parvenues à un endroit où le bruit n'arrivait pas encore.

Là, il put examiner à son aise le terrain et choisir une issue favorable.

Une petite rue écartée par laquelle on pourrait revenir en évitant la presse et les dangers de la cohue, lui paraissant propice à une course rapide, il allait l'indiquer aux postillons, lorsqu'un objet dont il ne put détacher son regard parut à ses yeux.

Il prit la main de Rodolphe, lui montra une délicieuse apparition, en disant d'un ton passionné :

— Quelle ravissante créature !

Rodolphe regarda du côté qui lui était indiqué, et vit une jeune fille très-belle.

Elle sortait d'une maison d'assez chétive apparence ; elle était seule ; mais bientôt elle fut suivie par trois ou quatre hommes de mauvaise mine, et qui paraissaient avoir sur elle d'insolentes prétentions ; elle se mit à courir, mais les forces lui manquèrent.

Ces faits s'accomplissaient en moins de temps que nous n'en avons mis à les écrire.

Paul s'élança d'un bond hors de la voiture ; il courut si vite qu'il parvint à devancer ceux qui la poursuivaient, et arriva jusqu'à elle.

Il était temps, ses jambes fléchissaient et elle se sentait prête à tomber : Paul la soutint et la rassura par d'affectueuses paroles.

Les cavaliers accoururent et rejoignirent Paul.

Les hommes qui en voulaient à celle qu'une protection si subite défendait contre eux, s'arrêtèrent et semblèrent se consulter sur le parti qu'ils avaient à prendre.

L'attitude fière et assurée de ces braves jeunes gens leur imposa tellement qu'ils exécutèrent leur retraite, mais ce ne fut pas sans lancer à ceux qui leur enlevaient cette proie de cyniques insultes.

Un d'eux qui dirigeait les autres, cria à la jeune fille effrayée :

— Nous te retrouverons, bégueule !

Et ils se hâtèrent de fuir dans la direction du boulevard, pour éviter la rencontre de quelques agents de police qu'ils avaient aperçus de loin.

La jeune fille, un peu remise par le départ de ceux qu'elle redoutait et par les soins dont elle était entourée, fut conduite à une des calèches dans laquelle on la vit sauter légère comme une gazelle.

Paul, avec cette délicatesse de tout homme bien élevé pour toutes les femmes, avait choisi pour la protéger, la calèche où il y avait le moins de cavaliers et le plus de femmes, et avant de la quitter, il lui avait jeté sur les épaules découvertes son manteau. Ensuite, il se plaça à son côté.

Les cavaliers arrivèrent ainsi aux *Vendanges de Bourgogne*.

Pendant que l'on disposait tout pour le repas qui a toujours lieu à la suite de ces nuits, repas sans nom et sans heure, qui n'appartient ni à la nuit, ni au jour, Paul mena la jeune fille dans une chambre bien chauffée, en la recommandant à la sollicitude de la maîtresse de la maison, à laquelle il remit quelques pièces d'or, en priant qu'on la fît descendre au moment où il partirait.

Il rejoignit ensuite sa société, qui lui demanda en ricanant ce qu'il avait fait de sa conquête, et si l'on n'aurait pas l'honneur de la compagnie de cette admirable beauté, miraculeusement trouvée au coin de la borne.

Paul, loin de se fâcher de ces impertinences, répondit avec une dignité calme que cette jeune personne, fort émue par ce qui s'était passé, était souffrante et avait désiré rester seule.

— Pauvre innocent ! s'écria une des plus railleuses de la troupe féminine.

On se mit à table, et au bruit des verres, on eut bientôt oublié ce qui venait d'avoir lieu.

Seulement la préoccupation profonde de Paul et le silence qu'il gardait, pouvaient ramener un sujet d'entretien qui lui était fâcheux et incommode.

Rodolphe lui fit un signe qu'il comprit, et il secoua sa rêverie et sa torpeur.

Il voulut s'étourdir, et à force de libations faire disparaître la pensée qui déjà remplissait son cœur ; il but à outrance, et l'excitation causée par ces rasades multipliées augmenta encore la sensibilité nerveuse de ses émotions et le livra par l'ivresse à cet engourdissement dans lequel nous l'avons vu le matin, dans le grand salon des *Vendanges de Bourgogne*.

Le repas dura jusqu'au jour, et les convives purent entendre les clameurs du carnaval qui rentrait chancelant dans la ville.

A leur sortie, ils trouvèrent une foule en démence, privée de toute raison, et tombée dans le plus profond abrutissement, et ils contemplèrent ces joies impures, poussant leur dernier râle, roulées dans le ruisseau, et rendant, dans une suprême et satanique convulsion, leur âme noyée dans le vin.

III

Fleurette.

La jeune fille s'appelait Fleurette.

Fleurette ne ressemblait qu'à elle-même ; elle était étrange en toutes choses et d'une originalité singulière.

Elle avait grandi toute seule dans une pauvre maison de la rue Mouffetard, comme les fleurs sauvages poussent sur les débris des murailles qui tombent en ruines.

Déposée, presque dès sa naissance, à l'hospice des Enfants-Trouvés, dont elle s'était sauvée toute petite, elle avait été ramassée la nuit sur le pavé, mourant de faim, par un vieux chiffonnier, qui la posa bien douillettement sur sa hotte et la porta chez lui en disant :

— Je n'ai pas perdu ma journée, puisque le bon Dieu m'a permis de sauver cet enfant!

Cet homme, qui avait bien de la peine à gagner de quoi vivre chaque jour, trouva moyen d'élever cet enfant et de lui procurer tout ce qui était nécessaire à un bien-être dont il n'avait jamais joui.

A mesure que la petite grandissait, son père adoptif en raffolait; il la nomma Fleurette, parce qu'il la comparait à la fleur qui, toute l'année et en toute saison, réjouissait son logis.

Rien n'était plus gai que Fleurette; elle riait toujours du rire si frais et si doux des enfants.

Elle ne connaissait pas les larmes et n'en avait jamais versé.

Si elle avait quitté l'hospice, c'est qu'elle s'y ennuyait ainsi que l'oiseau s'ennuie dans sa cage; elle cherchait l'air et la lumière : ce furent ses premiers besoins.

Un jour qu'on avait laissé la cage ouverte, elle s'envola, sans réfléchir à sa faiblesse d'enfant et heureuse de courir en liberté.

Elle courut vers les champs qu'elle connaissait, en regardant le ciel comme pour implorer la miséricorde de Celui qui n'abandonne rien de ce qu'il a créé; elle se rappelait que la bonne sœur, qui avait soin d'elle et des autres enfants abandonnés, lui répétait souvent cette prière, et leur recommandait de la faire si jamais ils se trouvaient seuls et sans protecteurs.

Et le long du chemin elle sautillait et chantait.

La nuit vint, c'était au printemps, elle se coucha sur l'herbe et fut réveillée le lendemain par un beau rayon de soleil qui se jouait sur ses longues paupières et caressait la frange délicate de ses grands cils bruns, qui relevaient avec tant de grâce.

Lorsqu'elle sentit la faim, elle songea à la soupe qu'on mangeait à l'hospice, et pour l'oublier, elle se remit à chanter et à sauter; puis, elle souffrit et elle eut peur.

Alors, elle voulut retourner à la ville, afin d'entrer dans une maison pour y demander du pain; mais une fois arrivée, elle n'eut pas le courage de mendier, on lui avait tant de fois dit que c'était mal!

Dans son chagrin, elle ne versa point une larme; elle s'arrangea pour dormir au coin d'une borne, et ce fut là qu'elle fut aperçue et recueillie par le bon chiffonnier, qui regardait à la lueur de sa lanterne le doux sourire épanoui sur les lèvres de la belle enfant.

Quand Fleurette eut sept ans, le chiffonnier qui l'avait prise à cinq ans, pensa que le moment était venu pour elle de songer à s'instruire; il savait trop bien, par sa propre expérience, combien on avait dans la vie d'occasions de regretter une éducation première.

L'enfant fut donc envoyée à l'école des sœurs.

Elle était si gentille et faisait tant de progrès, sans se donner de peine, que tout le monde, sa maîtresse et ses camarades, la chérissait.

Deux ans après, elle était capable d'entrer à l'ouvroir, et s'appliqua tellement à cette tâche qui lui plaisait, qu'en très-peu de temps elle devint une des plus habiles ouvrières.

On disait d'elle :

— Fleurette travaille comme les fées, elle a été douée par le ciel.

Une grande dame qui s'intéressait à cette œuvre de charité, pria les sœurs de lui laisser placer Fleurette, dont elle avait admiré l'adresse, chez une habile couturière, où elle se perfectionnerait dans son état.

A douze ans, elle entrait dans un atelier; dès les premiers essais auxquels elle fut soumise, on la dispensa de l'apprentissage, et elle reçut chaque semaine un salaire, encore bien faible, mais qui devait s'accroître.

Comme elle fut joyeuse en touchant cet argent!

Ce n'était pas pour elle, c'était pour celui qu'elle appelait son père, à qui elle se hâta de le remettre, sans en rien garder.

Le vieillard pleura de joie en recevant cette première marque de la reconnaissance de sa chère Fleurette; il la serra dans ses bras, en la remerciant de tout le bonheur qu'elle lui donnait.

Ce fut une ressource pour le pauvre ménage.

Le dimanche suivant, quand on se prépara pour aller à la promenade, le chiffonnier donna à Fleurette un joli petit fichu qu'il avait choisi selon son goût, sans qu'elle pût s'en douter.

La petite fille se para de ce présent avec une satisfaction qui fut le premier indice d'une coquetterie naissante.

Ces jours de bonheur s'écoulèrent rapidement.

Trois ans après son entrée dans l'atelier, et au moment où elle pouvait lui procurer, par un travail bien rétribué, une aisance qu'il n'avait point connue et qui ferait le contentement de la vieillesse de son père, elle eut la douleur de le voir s'éteindre entre ses bras; il mourut sans souffrance, avec une paisible sérénité, comme il avait vécu.

Avant d'expirer, il avait eu le temps d'indiquer à Fleurette une tablette élevée sur laquelle on mettait la vaisselle; dans un vieux pot fêlé, elle trouva de l'argent : trois cents francs en belles pièces de cinq francs, que le chiffonnier avait pu économiser depuis que Fleurette était avec lui.

A l'aspect de ce petit trésor, elle n'éprouva aucune joie, elle versa des larmes en pensant à la bonté de celui qu'elle avait perdu et aux privations qu'il avait dû s'imposer pour amasser cette somme; elle pleura aussi sur sa solitude.

Ce furent les premières larmes qu'elle répandit, elles furent assez abondantes pour soulager un peu sa peine.

Fleurette se rendit tout de suite chez la maîtresse de l'atelier où elle travaillait, lui raconta la mort du bon vieillard dont elle lui parlait si souvent; en même temps elle demandait à quoi devait être employé cet argent; n'ayant besoin de rien, son intention était de le donner, sans se faire connaître, à l'hospice des Enfants-Trouvés.

Puis, retournant au pauvre logis, sur ses propres économies, elle fit au chiffonnier un enterrement, dont les commères du quartier disaient que s'il eût vécu, il en aurait été bien fier.

Et sur le passage du convoi que suivirent tous les chif-

Il présenta un siége à Fleurette. (Page 3?.)

fonniers de la rue Mouffetard et des rues voisines, tout le monde bénissait Fleurette.

La couturière à laquelle la jeune ouvrière avait confié sa petite fortune, l'avait employée autrement que Fleurette aurait désiré.

Quelques meubles fort simples furent achetés et rangés dans un logement composé de deux pièces, destiné à la jeune fille.

Les parents du chiffonnier voulurent que Fleurette gardât les trois cents francs qu'elle offrait de leur restituer, et lui permirent d'emporter deux ou trois objets auxquels s'attachait un pieux souvenir.

Une phase nouvelle commença dans la vie de la jeune fille.

D'abord, elle s'occupa d'arranger sa demeure, dont elle sut faire une agréable retraite.

Un lit, une commode, six chaises et un petit meuble de travail en noyer meublaient la chambre à coucher.

Sur la cheminée, deux vases de verre bleu, au cou allongé, composaient tout le luxe de la pièce principale.

Dans l'antichambre, il n'y avait qu'une petite table en noyer, avec deux chaises de bois blanc peint en rouge.

Le lit n'avait point encore de rideaux, mais on en avait mis aux fenêtres qui tamisaient le jour à travers une fine mousseline sous laquelle était un léger taffetas rose.

Cette retraite devint si chère à Fleurette qu'elle employa la meilleure part de ce qu'elle dépensait pour sa toilette à parer son appartement dont l'exiguïté même lui plaisait.

Elle parvint à en faire une habitation délicieuse.

D'abord, on vit sur la cheminée une pendule sans dorure et formée par un simple bloc d'acajou incrusté de veines d'érable.

Deux vases de porcelaine blanche à filets bleus, non pas de ceux qui contiennent des fleurs artificielles et que l'on met sous verre, mais de ceux dans lesquels on renouvelle tous les jours et en tout temps des fleurs fraîches du matin.

Le lit eut des rideaux, les plus blancs qu'on pût imaginer, et un couvre-pieds d'une ravissante coquetterie; un divan bleu bordé de blanc, vint se joindre à ce luxe.

Le papier à ramages de feuillage et d'oiseaux, donnait à la chambre l'aspect d'une volière.

Aux murailles pendaient quelques cadres de palissandre entourant des gravures qui représentaient toute la vie de saint Vincent-de-Paul, le fondateur de l'asile ouvert aux enfants trouvés.

Fleurette eût désiré pouvoir y placer aussi le portrait de son bienfaiteur, mais elle ne l'avait pas; elle se consolait de cette absence, en songeant que cette image vénérée était gravée dans son souvenir.

Dans la pièce qui précédait la chambre à coucher, on apporta un beau jour, six chaises en bois de merisier, une table ronde en bois de noyer, un buffet en bois peint et un fontaine.

Le soir, à la sortie de l'atelier, quand Fleurette rentrai dans son appartement, elle était plus heureuse qu'une rein

Il avait servi à bord d'un corsaire. (Page 37.)

n pensant que tout cela lui appartenait et était le prix de son travail.

Elle se trouvait bien riche, la pauvre enfant, qui ne possédait rien.

Fleurette était naïve, candide et pure dans toutes ses pensées, aussi bien que dans toute sa personne.

Elle ne savait rien des choses du monde; elle suivait le bien par un instinct naturel; elle avait un penchant originel pour tout ce qui était bon.

Ces inclinations droites et sincères furent le guide des premiers pas qu'elle fit dans la vie extérieure.

Elle aimait le plaisir et le prenait partout où il se trouvait, mais sans s'écarter jamais d'une aimable décence.

A ses yeux, le plaisir n'était qu'une distraction après le devoir.

Dans son enfance, elle souhaitait l'air et la lumière; sa jeunesse rechercha les distractions vives, le monde et le bruit; elle était folle de la danse.

Tous les soirs, en quittant l'atelier, elle se rendait dans les bals publics, où elle finit par se faire remarquer, non point par la liberté de ses manières, par la hardiesse de ses propos ou par l'audace de ses poses; mais par un maintien tellement convenable, que, dans certains endroits, on lui avait donné le surnom de *Chaste Suzanne*.

Une fois, elle se mit en *Petit Chaperon Rouge*, et on l'appela *Rose d'Amour*.

Dans sa réserve, il y avait tant de grâce, de pudeur et de charme, qu'en la voyant danser, on était ravi et enchanté, sans que rien contrariât ce sentiment.

Les danseuses les plus renommées par l'excentricité de leurs gestes, de leurs pas et de leur attitude, enviaient ses succès à Fleurette, et tentèrent plus d'une fois de les lui enlever; mais elles étaient gauches et empruntées dans cette contrainte, si loin de leurs habitudes et de leurs goûts.

Celle dont elles se montraient jalouses était naturellement pudique; dans sa grâce si élégante et si agréable, elle n'était ni gênée, ni maladroite; c'était une pureté sincère.

Aussi fut-il donné à Fleurette de traverser sans remords les lieux et les distractions où tant d'autres s'étaient perverties en peu de temps.

Si les paroles qu'on lui adressait blessaient sa délicatesse et ses idées de convenance, elle avait toujours une façon ingénieuse et polie de faire comprendre qu'il fallait cesser un pareil langage.

Si l'on persistait à le continuer, elle n'hésitait pas à se séparer brusquement de ceux qui s'obstinaient à lui manquer d'égards en blessant l'honnêteté, et elle savait leur faire sentir que cela n'était ni d'un homme d'esprit, ni de quelqu'un de bonne compagnie.

Il était rare qu'on ne se rendît pas à des raisons présentées avec une si malicieuse intelligence.

Fleurette, à peine entrée dans un bal, ne restait pas un seul instant oisive; on la préférait à toutes les autres, parce qu'elle s'amusait simplement, avec franchise et avec un bonheur qui était communicatif.

Elle n'accueillait que les politesses qui lui semblaient mériter cette préférence, et ceux à qui elle l'accordait s'en montraient heureux et flattés.

Point de morgue, point de hauteur, une joie franche, expansive et toujours prête, une bienveillance indulgente, facile et prompte à obliger; elle était bonne et affable envers tous, mais elle savait se préserver des empressements, des séductions et des pièges qu'on lui tendait.

Se moquant de tout ce qu'on lui disait de trop tendre et de trop sérieux, elle aimait surtout une gaieté franche, comme la sienne, et dans ce que l'on traitait d'insouciance, et qu'on regardait comme de la froideur, de l'insensibilité et de l'indifférence, il y avait cette adresse probe et prudente, qui est la meilleure de toutes les habiletés et qui déjoue si aisément les artifices les mieux combinés.

Fleurette ne se piquait point de tant de finesse; elle se livrait avec abandon à des jeux, à des récréations et à des délassements dont elle était sûre de n'avoir ni à rougir ni à s'affliger.

Ces qualités, dont elle n'avait pas même la connaissance, n'étaient encore point familiarisées avec les raffinements de la morale mondaine.

Fleurette, dans son humble perfection, sous le souffle d'une vertu angélique, ne savait rien des périls de la terre.

L'événement de la soirée devait ajouter à tous les avantages qu'elle possédait déjà, le don précieux d'un ami dévoué, généreux et intelligent.

Au repas des *Vendanges de Bourgogne*, Rodolphe auquel un regard avait révélé ce que la nature de Fleurette avait d'exquis et de parfait, arrangea tout de manière à ce que la jeune fille ne vît pas son ami dans le désordre de ses idées et sous un jour défavorable pour lui.

Il pria la maîtresse de la maison de ne pas laisser descendre Fleurette au milieu d'un bruit qui pourrait l'incommoder, et il promit de venir la reprendre vers midi, après qu'elle se serait bien reposée.

Paul, en rentrant, s'était mis au lit, il n'y trouva que l'agitation au lieu du repos.

Les excès de la nuit avaient troublé tout son être et toutes ses facultés.

Des pensées vagues sur les derniers faits de la veille le préoccupaient, et dans cette obscurité et dans cette incertitude de ses émotions, il voyait toujours la jeune fille, et entendait murmurer en lui-même le nom de Fleurette.

Toutefois, ce sentiment n'avait encore rien que d'indécis.

Ce n'était peut-être qu'une subite impression ou une fantaisie, peut-être même un caprice qui passerait comme tant d'autres.

Paul, perdu dans ce doute, s'efforçait vainement d'échapper à une véritable obsession.

Le souvenir de Fleurette entrait de plus en plus dans son cœur, et les progrès qu'il y avait déjà faits l'effrayaient,

sans qu'il pût néanmoins se défendre d'un certain charme Il était un peu plus de midi.

Son esprit flottait ballotté par cette hésitation morale, dont le roulis fatigue et étourdit l'intelligence; il cherchait une distraction et il n'en trouvait pas.

Tout lui paraissait insipide, et il avait pris la résolution héroïque d'aller au bois pour éloigner cet ennui et se soustraire au nom et à l'image qu'il ne pouvait éviter.

Son valet de chambre entra et lui annonça que le vicomte Rodolphe demandait avec instance à le voir.

— Très-volontiers, répondit Paul. N'est-il pas toujours le bien-venu?

Et il se félicitait de la présence de son ami, qui l'arracherait sans doute à sa fatale rêverie.

Quelle ne fut pas sa surprise en voyant Rodolphe entrer avec une jeune fille.

C'était Fleurette.

Elle avait conservé son costume de bergère; le repos avait ramené sur ses traits la sérénité et l'harmonie.

Ce visage était céleste.

En le regardant, Paul crut qu'il allait devenir fou.

— Mademoiselle, lui dit Rodolphe en lui présentant Fleurette, a désiré te voir, et je l'ai amenée.

Paul put à peine répondre, tant il se sentait ému; il présenta un siège à Fleurette, un peu confuse et embarrassée d'un cérémonial auquel elle n'était pas habituée.

Rodolphe se retira discrètement.

Cette retraite, à laquelle il ne s'attendait pas, poussa à l'extrême la détresse de Paul.

Fleurette, un peu remise d'un inévitable saisissement, le regarda et sourit.

Dans ce sourire, Paul retrouva la confiance, tant il était bon et encourageant.

Après quelques moments de silence, l'entretien commença avec une effusion mutuelle, ainsi que cela arrive entre deux cœurs qui vont l'un devant l'autre, sans se douter du chemin qu'ils font.

Fleurette, à qui Paul demanda comment elle s'était trouvée dans la situation où il l'avait rencontrée, répondit avec naïveté :

— J'avais entendu si souvent parler de la *descente de la Courtille*, que je mourais d'envie de la voir; au sortir de chez Muzart, je suis venue du faubourg Saint-Honoré, toute seule, à pied, jusqu'à Belleville.

— Et sans manteau, s'écria Paul, par le froid qu'il faisait !

— J'ai marché vite, répéta Fleurette en riant. Arrivée au faubourg du Temple, j'ai eu peur ; cette foule qui se remuait autour de moi m'a effrayée, et je sentais mes jambes fléchir ; j'allais retourner sur mes pas, lorsque je vis les premières lueurs du jour ; j'ai repris courage à mesure que l'obscurité s'en allait.

En montant la côte de la Courtille où j'ai bien souvent dansé, les cris que l'on poussait et les propos que l'on m'adressait, m'engageaient à chercher un asile chez un marchand ; mais il y avait tant de monde que je n'osais pas entrer. J'étais montée jusqu'au sommet de la rue ; l'endroit dont je sortais, lorsque vous m'avez aperçue, m'ayant paru tranquille, j'y entrai.

Les hommes qui m'ont poursuivie y étaient déjà ; ils me tinrent de tels discours que je pris le parti de ne rien dire. Alors ils m'insultèrent en me menaçant ; je ne leur répondis pas. Un d'entre eux, que les autres semblaient respecter, m'offrit un verre de punch ; je le refusai : les injures et les grossièretés recommencèrent de plus belle, et pour les faire cesser, je consentis à accepter l'invitation, en demandant pardon à Dieu de mon imprudence. J'avais froid, et cette boisson chaude me ranimait. Bientôt je sentis une pesanteur tomber sur mes yeux ; ma tête souffrait, et tout me parut tourner dans un brouillard.

Cependant, malgré la confusion de mes idées, je devinais plutôt que je ne vis les gestes et les signe que se faisaient ces hommes et qui m'alarmaient. Réunissant mes forces, je parvins à m'enfuir ; ils coururent après moi, et vous m'avez sauvée de l'insulte ou d'un danger.

En achevant ce récit, Fleurette dirigea sur Paul un long regard dont l'expression était celle d'une ineffable reconnaissance.

Le cœur de Paul tressaillit sous les yeux de la jeune fille.

Jamais Fleurette n'avait été plus jolie que dans cet instant ; le désir de plaire, qu'elle ne cherchait pas à cacher, animait ses traits et lui donnait cette limpidité qui est pour la beauté une beauté de plus.

Alors elle lui raconta sa vie.

Paul fut étonné de rencontrer tant de pureté dans une existence si proche du désordre ; il admira la situation de cette jeune fille qui, seule, avait couru sur une pente si glissante sans faire un faux pas.

Fleurette lui paraissait être restée, au milieu des hommes, telle qu'elle était sortie des mains de Dieu.

C'était, pour Paul, une créature merveilleuse, et il sentit que le culte qu'il lui vouait dès ce moment irait jusqu'à une exaltation qu'il faudrait contenir.

Le costume de bergère allait à ravir à Fleurette ; elle y était adorable et mignonne comme la petite fleur blanche des prairies.

Elle portait un casaquin de soie bleu ciel, collé sur sa taille souple, mince et déliée, et qui serrait ses membres délicats ; un liseré rose en faisait le tour.

Sa jupe était blanche, garnie dans le bas d'un simple ruban rose ; elle avait un tablier de taffetas bleu dont les bordures étaient losangées de petites faveurs roses.

Ses bas blancs et ses petites mules bleues d'azur laissaient à découvert une jambe et un pied d'un rare modèle, et qui répondaient aux mérites d'un bras dont les manches courtes et enrubannées ne couvraient que le haut.

Son cou, attaché comme celui du cygne, supportait une tête charmante et une figure rieuse et épanouie.

Ses cheveux, d'un blond cendré, tombaient à profusion et en grosses boucles de dessous un petit chapeau de paille posé de côté, doublé de rose et orné d'un bouquet de bluets

et de coquelicots, avec un large ruban bleu, qui, après avoir fait le tour de la tête, tombait sur les épaules les mieux modelées.

Paul, qui ne pouvait détacher d'elle ses yeux, comparait Fleurette à ces bergères dont le pinceau de Boucher eut le séduisant secret.

Elle lui semblait descendre d'un de ces trumeaux dont les boudoirs et les salons aimaient la gracieuse fantaisie.

Séduit par tant de qualités, Paul résolut de s'attacher fermement à Fleurette et de faire disparaître ce qu'il y avait d'inculte dans cette plante, qui était comme celles de l'éternel printemps de l'âge d'or, éclose sous le souffle des anges.

IV

Paul et Rodolphe.

Paul ramena Fleurette chez la couturière dans l'atelier de laquelle la jeune fille travaillait.

Pendant le trajet, il laissa entendre à Fleurette que la Providence semblait les avoir préparés l'un à l'autre par un lien mystérieux, et qu'elle devait ne pas contrarier son dessein et l'aider dans tout ce qu'il ferait pour l'accomplir.

Fleurette regarda Paul avec défiance.

— Ah ! monsieur, après avoir été si bon pour moi, ce serait bien mal de vous moquer d'une pauvre fille... Faites arrêter la voiture, je veux descendre.

Paul eut bien de la peine à calmer ces craintes et à persuader à Fleurette que ce qu'il avait dit était sérieux.

Alors elle jeta sur lui des yeux resplendissants de félicité et d'espoir.

— Eh quoi ! lui dit-elle, un jeune homme comme vous êtes aurait choisi une fille comme moi, sans nom, sans famille, élevée par la charité, et qui serait morte de faim et de froid, si Dieu n'en avait pris soin !

A ces paroles, Paul frémit et sentit en lui le douloureux écho d'un gémissement intérieur.

— Oh ! que je serais heureuse et contente près de vous ! s'écria Fleurette. Comme vous avez écouté avec attention ce que je vous ai dit ce matin ! Comme votre regard me soutenait et m'encourageait !... Lorsque je vous ai parlé du chiffonnier auquel je dois tant de reconnaissance, vous avez refoulé votre attendrissement et vos larmes, mais pas assez tôt pour que je ne les aie pas aperçues.

Mon ami, permettez-moi de vous donner ce nom, mon esprit et mon cœur sont simples. Si j'ai bien fait, je n'y ai pas de mérite ; j'ai obéi à une irrésistible impulsion ; si j'ai mal fait, c'est sans l'avoir vu et sans l'avoir su. Ne me flattez pas, mais ne m'en voulez pas.

Arrivés à l'atelier, Paul voulut conduire lui-même Fleu-

rette à la maîtresse; pendant que la jeune ouvrière se remettait à l'ouvrage, il eut avec cette femme un long entretien.

Fleurette fut appelée, et celle qui lui servait de mère
lui dit :

— Mon enfant, Dieu vous a envoyé un ami, un protec-
teur; écoutez ses conseils comme vous eussiez écouté ceux
d'un frère bien-aimé.

Ces mots ne rendaient pas exactement la pensée de Paul,
mais il se réserva de les interpréter selon la signification
qu'ils avaient dans son cœur.

Il retourna chez lui plus paisible et avec plus de foi dans
un avenir heureux.

Rodolphe l'attendait dans son appartement.

Paul et Rodolphe demeuraient dans la même maison;
ils habitaient le premier étage, assez vaste pour former
deux logements spacieux et commodes, qui étaient séparés
l'un de l'autre et communiquaient ensemble.

Ces jeunes gens s'étaient rencontrés dans le monde; ils
s'étaient trouvés liés intimement presque sans s'être connus; une prompte et vive sympathie les avait attirés l'un
vers l'autre.

Cette affection si prompte qui les unissait avait un caractère singulier.

Paul et Rodolphe s'aimaient, non point à cause de l'accord de leur nature, mais à cause de sa différence; tant il
est vrai que l'amitié se plaît plus souvent aux contrastes
qu'à l'harmonie.

Rodolphe était de race noble, portait le titre de vicomte,
possédait une fortune considérable, dont il était maître
depuis un peu plus d'un an qu'il avait atteint l'âge de sa
majorité.

Paul ne connaissait point son origine; loin d'avoir un
titre, il n'avait pas même de nom; il ne connaissait pas
même la main invisible qui fournissait à ses dépenses

Les parents de Rodolphe étaient morts.

Ceux de Paul n'existaient pas.

Rodolphe avait le type méridional dans sa plus ardente
expression; maigre, sec, anguleux, sa taille était médiocre,
mais bien prise et flexible.

Sa physionomie vive et spirituelle se prêtait aux expres-
sions les plus diverses.

Son teint brun, ses yeux petits et perçants, ses cheveux
noirs, ses traits fortement accusés, le nez saillant, de larges
sourcils noirs dont les extrémités se croisaient, et une
moustache fine et lisse qu'il relevait en croc, révélaient un
enfant de ces contrées béarnaises qui touchent aux Pyré-
nées et aux frontières d'Espagne sans cesser d'être fran-
çaises.

Il était vicomte de Montauban, et une de ses tantes, la
comtesse de Montauban, recevait dans son hôtel du faubourg Saint-Germain tout ce que comptait de plus élevé la
noblesse ancienne qui, en dépit de deux chartes, ne veut
pas être confondue avec la noblesse de nouvelle formation.

Le salon de madame la comtesse de Montauban passait

pour un de ceux qui avaient vu les dernières réunions d'une
société qui n'existe plus.

Paul et Rodolphe, arrivés presque ensemble à Paris, y
avaient contemplé les instants suprêmes d'un monde qu
allait s'évanouir.

Le jeune vicomte en avait fait le quartier général des
cavaliers; il les réunissait dans un des pavillons du jardin
pour en former le noyau.

Paul fut donc affilié à cette jeune milice, bien plus par
son attachement à Rodolphe que par ses opinions politi-
ques.

Son isolement civil le rendait étranger à toutes les opinions, et il assistait, sans y prendre part, aux luttes des
révolutions.

Rodolphe ayant interrogé son ami sur la jeune fille qu'il
lui avait ramenée le matin, Paul lui raconta tout ce qui
s'était passé entre elle et lui.

Le gentilhomme, malgré l'étourderie habituelle qui était
le trait principal de son caractère, avait des moments de
sagesse et de réflexion.

Il avoua à Paul qu'il ne le voyait pas, sans quelque inquiétude, engagé dans cette liaison qui ne reposait sur rien
de certain.

— Comment, Rodolphe, répondit Paul, d'après ce que
je viens de te dire, tu n'as pas senti que ce n'est ni mon
choix, ni ma volonté qui me portent vers Fleurette ! Nous
avons un point de départ commun, et nous devions néces-
sairement nous rencontrer.

— Je ne comprends pas ce point de départ.

— Fleurette est un enfant trouvé...

— Un enfant trouvé, reprit Rodolphe avec dédain... et
sans père ni mère !

— Cher vicomte, oui, sans père et mère connus.

— Eh bien ?.

— Et moi, que suis-je donc ? un être qui ne sait pas d'où
il vient et qui ignore où il va.

Rodolphe demeura pensif.

— Quelle étrange confidence me fais-tu ? dit Rodolphe.

— Il fallait bien te la faire tôt ou tard; et je te la fais
aujourd'hui, à cause de Fleurette. Tu ne saurais comprendre tout l'intérêt que m'inspire une jeune fille qui souffre,
depuis l'âge de raison, les mêmes douleurs exceptionnelles
que j'ai souffertes, moi. Heureux Rodolphe ! tu as reçu, toi,
les caresses d'une mère; tu as connu les joies intimes de la
famille, les ineffables douceurs du foyer domestique; moi,
je n'ai joui de ce bonheur que dans mes rêves, et que
d'amères tristesses ces rêves ont données à mon réveil ! Eh
bien ! cette jeune fille, que j'ai trouvée comme une pierre
précieuse dans la fange du carnaval, a connu mes tristesses, mes rêves, mes douleurs, et cette pensée commune à
nous deux me semble un trait d'union providentiel.

Il y avait longtemps que le mystère qui enveloppait la vie
de Paul importunait Rodolphe.

Que de fois, en entendant les suppositions malveillantes
que l'on faisait sur cette situation, il avait été réduit à
abandonner la cause de son ami, parce qu'il n'avait pas de

quoi le défendre! Sa discrétion lui avait interdit toute question sur ce sujet; il attendait que Paul consentît à lui confier ce secret.

Cette curiosité, qui tenait à son affection même, datait du jour où il avait connu Paul.

Rodolphe n'avait pas encore témoigné le désir qu'il avait de connaître tout ce qui concernait Paul.

Celui-ci ignorait ce que Rodolphe attendait de lui; d'ailleurs, l'occasion de cette confidence ne s'était pas présentée; depuis l'origine de leur liaison, c'était la première fois que tous deux se trouvaient sur ce terrain, dans un entretien intime.

— Je n'ai aucun souvenir de ma première enfance, dit Paul; je ne me rappelle rien, avant mon séjour à Nantes.

Je suis resté dans cette ville jusqu'à l'âge de douze ans; j'y étais chez un ancien Bénédictin, le père dom Berlier, qui fut mon premier instituteur.

Cet homme avait passé presque toute sa vie dans des études graves et étendues : il s'était consacré sans réserve aux plus doctes recherches, et tant que l'ordre des Bénédictins exista, il prit une part active aux grands travaux que ces religieux ont accomplis dans l'intérêt de l'histoire et des lettres.

Je ne saurais dire avec quel charme cet esprit si savant se mettait à la portée de la faible intelligence d'un enfant, afin de lui faire comprendre les notions les plus élevées et les plus graves.

Il ne m'apprit pas seulement le grec et le latin, il me fit vivre dans l'antiquité, au siècle de Périclès et d'Auguste, et dans la familiarité de tous les hommes illustres dont je lisais avec lui les faits glorieux.

Sur ce pivot classique il me faisait, par un art singulier, visiter toute la sphère intellectuelle.

La grammaire générale, les écrivains français justement célèbres, la géographie et l'histoire tournaient sur cet axe et s'arrêtaient devant l'examen du maître et de l'élève.

Le père Berlier me disait souvent :

— Cher enfant, je ne veux pas t'apprendre beaucoup, mais je te mets à même de tout savoir.

A douze ans, j'entrai au collége de Nantes pour achever mes classes.

J'avais peur de n'être qu'un ignorant au milieu de la haute éducation dont on me parlait sans cesse.

Je fus donc bien étonné de lutter avec avantage, dans les compositions, contre de grands gaillards âgés de quinze à seize ans; de la troisième, où l'on m'avait admis comme un phénomène, je passai dans la même année à la seconde, ce qui était sans exemple.

Grâce à la robuste et saine instruction élémentaire que je devais au père Berlier, trois années me suffirent pour terminer mes études.

Ces trois années furent une suite de triomphes; à chaque distribution des prix j'avais toutes les couronnes.

Pardonnez-moi, mon cher Rodolphe, la complaisance avec laquelle je parle de ces succès.

Villars disait qu'il n'avait eu dans sa vie que deux grandes joies : son premier prix et sa première victoire.

Ces exploits de l'enfance font, dit-on, battre encore le cœur des vieillards.

Tout chargé de mes lauriers, et après avoir embrassé bien tendrement le père Berlier, je montai dans une chaise de poste, qui m'attendait à la porte du collége.

Je fus conduit à Rennes pour y suivre les cours de droit.

Je n'avais pas encore dix-huit ans, lorsque je parvins à prendre glorieusement mes licences.

Je ne dirai rien de la vie des étudiants de province, ce n'est qu'une pâle et faible copie de celle des étudiants de Paris.

De Rennes, je fus transporté dans un délicieux séjour.

Ici finit la première période des années de l'enfance et de l'adolescence, et commence pour moi la jeunesse.

C'était une maison de campagne construite en harmonie parfaite avec le paysage au milieu duquel elle était placée et qu'elle dominait.

Sur un coteau, à l'est de Paris, qu'on apercevait au loin, était posé un édifice pittoresque, appelé le Châlet.

Le dedans et le dehors de cette habitation justifiaient ce nom; tout y était d'une simplicité helvétique. La Marne coulait au pied de la colline et rien n'était plus verdoyant que ce vallon riant comme une belle vallée des montagnes.

Je trouvai là un ancien matelot que l'on nommait Marin; il avait près de soixante ans, et sa vie s'était passée, depuis son enfance, sur la mer, dans des périls incroyables et presque perpétuels.

Il y avait près de deux ans que sa vieillesse jouissait d'un repos si bien gagné.

Marin ne parlait que de ses aventures, et j'avoue que je ne prenais pas un grand goût à ces récits ensanglantés, horribles et surhumains.

Je ne sais pas de vaillance qui puisse faire excuser des actes atroces. Marin avait servi à bord d'un corsaire dont je ne lui ai jamais demandé le nom.

J'ai lieu de penser que c'est à cette première impression que je dois un éloignement, que je n'ai jamais pu vaincre, pour les loups de mer, malgré les reproches de Marin contre ces préventions qu'il trouvait injustes.

Il y avait aussi au châlet une grosse servante, une des belles filles que j'ai vues, nommée Franschen; on l'avait fait venir des bords du lac de Zurich, pour prendre soin de deux vaches de son pays et faire des fromages à la crème; elle excellait dans cette fonction.

Marin avait pour mission spéciale de m'exercer à la gymnastique; son enseignement avait des formes un peu brusques, mais si originales que je me plaisais beaucoup à ses leçons.

Ce n'était point en parlant qu'il m'instruisait, c'était en agissant.

Il me conduisait à la chasse pour me dresser, disait-il. Il m'acheta un fourniment complet, m'apprit à viser juste et à tirer sûrement; nous nous servions ensemble de la cara-

bine, du fusil et du pistolet, dont il me fit connaître le ma-
niement, l'entretien et le mécanisme.

Il me faisait faire des armes deux fois par jour ; en même
temps que je me formais à l'épée, je m'habituais au sabre
et au poignard, dont Marin se servait avec une prodigieuse
adresse ; il m'accoutuma aussi à me servir de la hache
d'abordage.

En me montrant l'escrime, il mêlait toujours à la *raison
démonstrative* quelques idées de duel ; il ne se contentait
pas de faire de moi un excellent théoricien, il voulait me
rendre crâne et querelleur.

Je pris du maître d'armes ce qu'il avait de bon et je dé-
daignais les travers du bretteur.

L'*exercice* que l'on enseigne aux conscrits faisait aussi
partie de l'instruction que je recevais.

La chambre de Marin était convertie en magasin d'armes ; il y en avait de toutes les espèces.

Trois fois la semaine il m'accompagnait au manége, et
après que les écuyers avaient fini avec moi il me reprenait
en sous-œuvre, me faisait manéger à outrance et me façon-
nait ainsi à la plus intrépide voltige.

La petite rivière de Marne, dont les canotiers ont fait
une mer Méditerranée, n'était pour Marin qu'un baquet.

Pour m'initier aux secrets de la natation, il osa braver la
recommandation expresse qui lui avait été faite, de ne
point quitter le chalet, et de m'y garder ; nous allâmes
faire à Dieppe une école buissonnière de quelques semaines, pour nager dans l'Océan.

Le hasard, ou plutôt cette protection cachée qui a sans
cesse veillé sur moi, plaça près du chalet une institutrice.

— Encore une femme ?

— Oui, une femme ! celle-là avait été sans doute jeune
et jolie ; mais en elle tout avait vieilli, excepté l'esprit
exempt de rides dans un corps que les souffrances morales
avaient brisé, même avant les années.

Avec cette vénérable amie j'avais presque chaque jour
de longs entretiens ; elle me disait ses regrets, ses douces
et tendres souvenances, ses illusions et ses déceptions ; elle
m'ouvrait son âme meurtrie par tant de douleurs iniques,
et, dans cette existence bouleversée, j'ai lu un à un les
chapitres les plus saisissants des passions du monde et du
cœur humain.

Je ne sais à quoi me servira dans l'avenir cette expérience précoce, amassée dans un passé si jeune encore ;
mais j'ai recueilli ces enseignements si variés avec confiance et avec espoir.

Déjà ils me servent de flambeau pour éclairer ma marche à mesure que j'avance dans la vie.

Le temps passé au chalet, les deux années pendant lesquelles j'ai tant exercé mon corps et préparé mon esprit,
furent pleines de jours prospères, de contentement et de
sérénité.

Je ne vins à Paris que vers la fin de l'hiver de 1829.

Tous ces voyages d'une phase à l'autre de cette éducation qui m'a conduit par la main sur le seuil du monde so-
cial, ont été opérés par l'intervention occulte d'un être qui

m'est inconnu, que je ne vois qu'à de longs intervalles, et
qui paraît être la portion vivante du secret qui pèse sur
moi.

J'ai le pressentiment de le revoir bientôt.

Rodolphe avait écouté Paul avec une attention soutenue
et de manière à lui prouver l'intérêt qu'il prenait à tout ce
qui concernait son ami.

Les deux jeunes gens restèrent quelque temps silencieux ;
cette confidence était un nouveau gage d'affection mutuelle ;
Paul croyait s'être acquitté d'un devoir, et Rodolphe se
trouvait heureux d'une confiance qui honorait à la fois celui
qui la témoignait et celui auquel elle se manifestait.

Paul s'adressant à son ami lui dit avec effusion :

— Maintenant tu connais ma vie comme je connais la
tienne. Excepté quelques joies des premières années, je
n'ai eu qu'un bonheur apparent, et le bien-être matériel
dont j'ai toujours joui n'était même pas une vérité.

Ton existence a été fixée avant l'âge où cela arrive ordinairement, et tu peux compter à l'avance avec ton avenir,
le choisir en quelque sorte ; t'y préparer et employer pour
le rendre conforme à tes vœux ta fortune, ton nom et tes
facultés ; tu as été mis de bonne heure en pleine possession
de ton existence, et rien ne te gêne dans ta force et dans
ton indépendance.

Le vicomte, dont les yeux brillaient d'une généreuse ardeur, prit la main de Paul et la serra avec effusion.

— Paul, lui dit-il, si tout ce que tes vœux appellent te
manque, si des causes que nous ignorons tu as été jeté
dans la vie sans point d'appui ; ne te décourage pas ; une
protection au-dessus de celle des hommes a mis près de toi
un ami dévoué, et quelle que soit la destinée réservée à
chacun de nous, notre pensée restera unie dans une fidélité
commune.

— Rodolphe, je n'attendais pas moins de toi ; je te re-
mercie de ton amitié en l'acceptant.

Toi seul, m'as donné une sécurité qui me manquait ; tandis que je semblais posséder une liberté sans limites, je
sentais peser sur tous mes instincts et sur ma volonté un
joug attaché par un nœud invisible que je ne pouvais ni
rompre, ni trancher, ni dénouer.

Toute affection m'était interdite, toute liaison, toute préférence m'étaient défendues ; mon cœur était fermé comme
mon passé, mon présent et mon avenir. A quel homme, à
quelle femme, à quel être pouvais-je offrir ce trésor d'affection, qui est en moi, qui me semblait devoir y rester en-
foui éternellement, faute d'un dépositaire ? Un égoïste se
serait trouvé à son aise, dans la position que le hasard de
la naissance me donne ; mais tous les égoïstes ont des parents, une famille, et des amis, quand ils sont riches. Les
hommes déshérités de tout avant leur naissance, comme
moi, sont précisément ceux qui ont soif de tendresse et
d'affection. Ils n'ont jamais fait aucune dépense de cœur ;
ils ont une sensibilité vierge qui s'épanchera sans réserve
à la première occasion.

Tout ce que l'enfant et l'adolescent ont exprimé, en élans
affectueux, en caresses douces, au sein d'une famille ; tou-

tes les larmes de joie et de suave tristesse qu'ils ont répandues entre les bras d'une mère; tout cela m'appartient encore; rien n'a été distrait, le trésor est intact : je n'en serai pas économe; j'en serai prodigue; car je sens que cette richesse de l'âme ne s'épuisera jamais.

Les deux jeunes hommes se séparèrent plus amicalement que la veille.

— Paul, dit Rodolphe, vous excuserez quelques préjugés de race, vieilles idées qui s'éteignent chaque jour. Vous êtes toujours digne d'être mon ami, malgré la fatalité de votre naissance. Paul, vous avez la noblesse du cœur; votre blason vous vient du ciel.

Fleurette ne concevait rien à ce qu'elle éprouvait; mais la présence de Paul lui était devenue aussi nécessaire que l'air qu'elle respirait.

La maîtresse de l'atelier et toutes ses compagnes remarquaient la langueur sous laquelle s'éteignait de jour en jour sa laborieuse activité d'autrefois.

Le soir, elle se montrait impatiente de voir arriver l'heure du départ.

Elle était si sûre de trouver chez elle celui que, dans sa pensée, elle avait surnommé son ange gardien!

Fleurette avait dans sa petite personne d'élégance si mignonne et si délicate; quelque chose de heurté qui donnait parfois à sa candeur un air rude; il y avait dans sa tige si flexible et si souple, un germe sauvage, qu'on ne pouvait extirper.

Cependant Paul ne désespérait pas d'accomplir cette tâche plus difficile que celle des horticulteurs, qui de l'églantine ont fait une rose.

Fleurette, si on eût entrepris de lui enlever d'un seul coup les franchises dont elle était en possession, serait subitement passée de l'obéissance à la révolte; et de la docilité à la rébellion.

Paul, en habile tacticien, procéda avec mesure.

Il ne supprima point les libres excursions du soir et le vagabondage dansant auquel se livrait Fleurette avec tant d'insouciance; mais il sut lui inspirer d'autres goûts et faire naître en elle d'autres désirs et d'autres inclinations.

Il la quittait souvent le soir, et quand elle lui demandait où il allait :

— Je vais au spectacle, lui répondait-il froidement, et il sortait.

Fleurette n'osait se plaindre, mais elle souffrait de ces absences, et plus d'une fois, au plus fort des plaisirs de l'hiver, la jeune fille ne sortait point, et passait à pleurer les heures que jadis elle employait si joyeusement à danser.

— Au spectacle, pensait-elle; on ne va pas au spectacle tous les soirs... et pourtant j'allais bien au bal chaque nuit... e n'y ai jamais été au spectacle, ça coûte trop cher, et la danse ne coûte rien... Il faut que je le prie de me mener au spectacle, il m'y mènera, il est si complaisant pour moi!

Et elle se coucha toute consolée.

Le lendemain, Paul trouva Fleurette fort parée et qui paraissait l'attendre.

Sur l'article de la toilette, la jeune fille n'avait opposé aucune résistance aux efforts de son ami pour la faire renoncer à la modestie de l'ouvrière; elle avait gaiement accepté les ajustements qu'on lui offrait.

— Est-ce que vous allez au bal, ce soir, chère Fleurette? demanda Paul.

— Non, mon ami, lui répondit-elle d'un petit air rusé; je voulais vous prier de me conduire au spectacle. Je n'y suis jamais allée et je suis sûre de m'y plaire; j'aime tout ce que vous aimez.

Paul regarda la pendule.

— Il n'est pas encore neuf heures, dit-il, nous verrons encore au moins deux pièces; le théâtre des Variétés est le plus proche; il n'y a que le boulevard à traverser.

Donnez-moi le bras; il fait une soirée magnifique, nous irons à pied. Si vous m'eussiez prévenu ce matin, j'aurais fait atteler et nous aurions été à l'Opéra; mais aux Variétés, vous vous amuserez.

Fleurette ne se sentait pas de joie.

Paul prit une baignoire dont il ne baissa point la grille, se contentant de se tenir en arrière et dans un des coins, afin de ne pas être aperçu, tant il craignait de compromettre cette jeune fille qui lui témoignait une confiance si entière.

On jouait une de ces pièces où Odry était d'un comique si vrai et si divertissant, les *Saltimbanques*, cette farce dont il a su faire une comédie.

Paul s'amusait des ravissements de Fleurette, de son rire et de ses petits cris, bien plus que d'un spectacle qu'il avait vu cent fois.

A chaque scène, Fleurette criait :

— C'est bien çà! Oh! comme c'est çà! je les reconnais; je les ai vus! Que c'est amusant; le spectacle! Si vous le voulez, mon ami, nous y viendrons tous les soirs.

— Je le veux bien, dit Paul; demain nous irons à un autre théâtre et nous les visiterons tous les uns après les autres.

— Quel bonheur!

Cette exclamation poussée un peu haut fut accompagnée d'un battement de mains qui fit retourner l'orchestre et le parterre.

Paul tint parole.

Le lendemain, on partit de meilleure heure, et Fleurette arriva assez tôt au théâtre, pour voir tous les préparatifs de la représentation; depuis la rampe qu'elle vit sortir du plancher tout allumée, jusqu'au lever du rideau.

Paul avait choisi ce jour-là le Gymnase dramatique.

Tout étonnait Fleurette : l'entrée des musiciens, les allées et les venues des garçons de théâtre, l'arrivée des spectateurs, et les explications de Paul qui *illustraient* toutes les figures célèbres présentes à cette représentation.

Elle aperçut cette fois un petit coin de cette société que son guide ne pouvait lui montrer ailleurs qu'à la scène.

Cette observation, si pleine d'attraits pour la curiosité de Fleurette, parcourut toutes les sphères de la scène, de-

Les oisifs causent. (Page 41.)

puis le plus humble genre jusqu'aux magnificences et aux splendeurs de l'Opéra.

Paul savourait avec délices ces premières impressions de l'esprit et du cœur de Fleurette, neuve encore à ces émotions; celle-ci se sentait pénétrée d'une tendre reconnaissance pour ces égards et pour ces complaisances dont elle était l'objet.

Et ces deux cœurs se donnaient une satisfaction réciproque par leur propre contentement.

Il fut convenu entre Paul et Fleurette que l'on irait au moins deux fois par semaine au Théâtre-Français.

Elle ne rêvait que spectacle et ne songeait plus au bal.

La lumière se faisait graduellement dans sa jeune intelligence : elle comprit ces convenances dont elle n'avait pas l'idée.

On choisit quelques heures pour des leçons indispensables.

Paul avait divisé ce travail entre le matin et le soir ; il ne voulait pas que Fleurette, en cessant d'être ouvrière, se privât des ressources d'un travail certain.

Des lectures choisies achevèrent cette œuvre de clarté intellectuelle.

Paul, comme le sculpteur amoureux de sa création, était aux pieds de l'élève qu'il venait d'animer.

Un an s'était à peine écoulé, que Fleurette parlait avec goût et avec correction; elle chantait la romance avec une voix pure, une juste et harmonieuse expression ; elle savait tenir un crayon ; elle n'avait effleuré, il est vrai, que la su-

perficie de l'art, mais cette instruction l'avait initiée promptement à ces agréables loisirs, en lui épargnant les peines et les difficultés de l'étude ; son esprit mobile et léger n'était pas encore capable d'une longue application.

Paul, avec ce tact qui lui était propre, avait doté cette jeune fille, en l'élevant, au lieu de l'abaisser par des prodigalités qui ressemblent toujours, quoiqu'on fasse, au prix d'un marché.

Fleurette était à même de comprendre son ami, et pour ces deux cœurs qui battaient sous la même impulsion, commença une ère d'attachement qui confondait dans un parfait accord leurs pensées et leurs sensations.

Les facultés de la jeune fille furent fomentées par le feu de la tendresse de Paul, comme les plantes délicates et précieuses qui se développent en serre chaude, à l'abri d'une atmosphère trop chargée de parfums.

V

L'assaut de l'Opéra.

Horace Vernet, le brillant artiste, eut un jour une idée originale.

Occupé à peindre, dans son atelier, un tableau qui absor

Madame Hubert.

hait toute son application, il ne put continuer ce travail assidu, au milieu du tapage que faisaient autour de lui ses élèves, ses amis, ses admirateurs, les curieux, les indifférents et les fâcheux qui remplissaient cet endroit

Il laissa inachevée la toile de ses prédilections, en posa une autre sur son chevalet, et avec cette facilité singulière dont il a l'heureux privilège, il se mit à esquisser la scène turbulente qu'il avait sous les yeux.

Cette œuvre est sans contredit une des plus remarquables productions de sa verve si féconde, si pittoresque et si spirituelle.

Voici ce qu'elle représente :

Le peintre est à son chevalet, près duquel s'est établie une conversation à haute voix.

Les albums feuilletés, quelques croquis crayonnés au hasard, des jeunes sculpteurs modelant la terre glaise et armés de leur ébauchoir, forment la partie studieuse de cette multitude turbulente.

Ailleurs, il y a des joueurs d'échecs et de dames, éperdus dans ce brouhaha ; un amateur bat du tambour, un autre dillettante sonne du cor ; la trompette résonne aussi.

Un assaut d'armes ; une leçon de boxe, une autre de bâton, se joignent à ces distractions et en augmentent le bruit.

Les oisifs causent à tue-tête et peu s'en faut que l'on n'ait dressé dans l'atelier un tir au pistolet.

Ajoutez à cela la fumée des pipes et des cigares, les armes, les uniformes, la friperie et le bric-à-brac qui donnent à cet endroit l'aspect d'un magasin où sont entassés les accessoires d'un théâtre, et vous aurez à peine une idée vague, faible et imparfaite de ce chaos, d'où ont si souvent jailli de brillantes clartés.

Le lieu de réunion, appelé *Capharnaüm* par les cavaliers, avait plusieurs points de ressemblance avec ce que nous venons de décrire.

C'était dans une vaste salle, au rez-de-chaussée d'une maison de la rue Neuve-Saint-Augustin.

Ce lieu élevé, spacieux et éclairé par de hautes fenêtres n'avait presque point de meubles.

Les murailles en étaient blanchies à la chaux.

Les cavaliers avaient fait de cette pièce isolée du reste de l'édifice, et qui donnait sur la cour, une espèce de refuge, où ils pouvaient, sans crainte des regards importuns, se livrer à leurs ébats intimes.

Le *capharnaüm* tenait plus du hangard que de toute autre chose.

Pour ceux qui le hantaient, c'était à la fois une arène, une académie, un gymnase, un cercle ou un club.

Ils s'y rendaient à toute heure, sans ordre et sans convocation ; de là ils arrangeaient leur vie de la journée et celle de la nuit ; les femmes y étaient admises et se mêlaient à leurs jeux ; elles n'étaient exclues que des réunions solennelles.

Dans le *capharnaüm* des cavaliers, les choses se passaient à peu près comme dans l'atelier d'Horace ; seulement on y donnait des leçons de ce combat personnel, d'homme à homme, avec les seules armes dont la nature a pourvu l'espèce humaine.

On s'y exerçait aussi à une harmonie bizarre.

C'était celle de faire claquer en cadence un fouet de poste; l'étude du pistolet tenait aussi une place importante dans les loisirs des cavaliers; on y allait tous les jours, vers les deux heures, percer des cartons, casser des poupées, manger des biscuits et boire du champagne à discrétion.

Un jour, l'affluence des cavaliers fut nombreuse au *capharnaüm*.

Il ne s'agissait de rien moins que de prendre d'assaut le bal de l'Opéra.

C'était au commencement de l'année 1833, un an après le grand cortège de 1832.

Les nuits masquées de l'Académie royale de Musique affectaient une morgue et un pédantisme tout de noir habillés, qui leur donnaient assez bien l'air d'un *raout* de trépassés.

Cette lugubre tristesse éloignait la joie et la foule, qui se répandaient ailleurs.

La fortune de ces bals et leur renommée souffraient beaucoup de cette solitude et de cet abandon.

Pour attirer le public, le fermier de cette entreprise imagina les expédients les plus divers.

Des prodiges de décors et d'éclairage firent de cette salle un palais resplendissant.

On y exhiba le jeune corps du ballet dansant au foyer et dans la salle au milieu des promeneurs.

D'Espagne vinrent des danseurs et des danseuses miraculeux, et ce spectacle tout nouveau mit à la mode la vivacité lascive des allures andalouses, et fonda l'ère des danseurs castillans.

On y joua des mystères.

Ces nouveautés n'obtinrent qu'un médiocre succès; elles occasionnaient des dépenses considérables.

Le public s'éloignait de plus en plus de la solennelle Académie royale de Musique.

Le fermier des bals sentait qu'il fallait à tout prix amener le public à l'Opéra.

Il savait que les cavaliers désiraient aussi que le carnaval et le bal masqué, trop à l'étroit dans les autres salles, prissent possession de ce beau et spacieux logis.

Il y eut des conférences, et l'on s'entendit bientôt.

Le fermier trouvait une fortune dans ces recettes colossales.

Les cavaliers trouvaient pour leurs plaisirs une demeure digne des anciennes splendeurs.

Le fermier parla des résistances que lui opposait la pudique autorité chargée de la surveillance morale de l'Opéra et des scrupules de la direction.

La pruderie des uns, l'égoïsme des autres, s'opposaient donc à cette innovation, qui aurait, pour le public parisien, tout le charme de l'imprévu.

Il existait contre le bal de l'Opéra des préventions qui ne pouvaient être ébranlées et renversées que par une secousse violente.

Il n'y avait donc pas à hésiter; sans délai, il fallait frapper un grand coup.

La nuit du mardi-gras fut choisie et désignée pour cet exploit.

Toutes les résolutions timides furent écartées.

Quelques-uns proposaient de s'introduire dans la place au moyen de dominos noirs qui cacheraient les costumes carnavalesques.

Cet artifice fut repoussé avec indignation.

Tel était le but de la réunion des cavaliers rassemblés au *capharnaüm*; dans cette mémorable séance, on décréta le siège de l'Opéra.

Dès minuit, aux abords du théâtre, dans les rues et dans les galeries grondait une multitude grosse de tumulte.

Des murmures sourds et menaçants se faisaient entendre; puis les clameurs retentirent, et demandèrent avec de terribles vociférations l'ouverture des portes de l'Opéra.

Un homme, portant une écharpe, déclara qu'il n'y aurait point de bal cette nuit.

Ces mots furent accueillis par une tempête furieuse et déchaînée; la police s'aperçut alors qu'elle était impuissante à repousser ces flots dont les vagues montaient et s'étendaient déjà jusqu'au boulevard.

L'émeute était proche.

Les portes de l'Opéra s'ouvrirent, et la foule victorieuse envahit toute la salle, depuis le sol jusqu'au cintre.

En même temps, l'orchestre, qui avait le mot, fit retentir ses quadrilles, et dans toutes les parties de l'édifice la foule compacte et serrée bondissait comme un seul danseur.

Cette nuit de conquête, on dansa partout, dans la salle, dans les corridors, au foyer, sous le vestibule, dans les escaliers, à la buvette, au vestiaire, dans les salons d'attente, aux amphithéâtres, dans les loges, dont aucune n'échappa à cette inondation vivante.

Les plus coquettes, celles qui se vantent de leur élégance et de leurs délices, celles dont on cite le faste, les boudoirs, les salons, toutes les délicatesses du grand monde, subirent ce rude contact et ce choc qui les bouleversait.

Le flot ne se retira qu'au jour.

Depuis ce temps, la salle de l'Opéra fut la principale résidence du bal masqué et personne n'oserait la disputer au carnaval, tant il est solidement établi.

Alors, on vit s'installer cette extravagance monstrueuse, ce délire brutal et cette démence furieuse qui ont chassé le goût, l'urbanité et la politesse, l'esprit, l'honnêteté et la décence de ces régions autrefois si polies et où la galanterie elle-même, dans ses écarts, se montrait si charmante et si désireuse de plaire, qu'on lui pardonnait ses erreurs.

La dynastie Chicard y amena sa cour immonde, ses souillures, ses indignités et son stupide dévergondage, si hérissé d'opprobres et de dégoûts, et le bal de l'Opéra acquit un triste célébrité.

Il inspira une juste répugnance à tout ce qu'il y a de personnes convenables.

Il froissa toutes les sympathies et s'attaqua à tout ce que l'intelligence et la civilisation, les mœurs, les goûts et les habitudes d'une société éclairée avaient fondé et maintenu avec tant de distinction.

Si bien que le bal de l'Opéra déteignit sur tous les autres, et que dans les lieux dansants on rencontra ces abominations tombant d'en haut sur les plaisirs de la population parisienne comme une avalanche de limon.

On aurait tort de reprocher aux masses cette détestable déviation ; c'est la belle jeunesse du temps qui est seule coupable de ces nouvelles mœurs de carnaval.

Au bal de l'assaut, Paul avait été vivement intrigué par une femme enveloppée dans un domino de satin couleur *manteau Lavallière*.

Rien, dans ce masque, ne trahissait des intentions de jeunesse, de coquetterie ou de séduction ; mais tout annonçait le goût et la haute vie du masque mystérieux.

Cette rencontre se présentait avec le charme piquant des aventures d'autrefois.

Le domino conduisit Paul dans une loge de la première galerie qu'il fit ouvrir comme étant la sienne.

C'était un *retiro*, décoré comme un boudoir ; et dans lequel leur entretien s'établit commodément.

— Une mission, dit la figure mystérieuse, que je n'ai acceptée que de mon dévouement me rapproche de toi et m'intéresse à tout ce qui t'arrive.

Paul, tu m'es cher, comme me l'était le fils que j'ai perdu et qui aurait ton âge ; je n'ose dire tes mérites et ta beauté.

Le profond abattement où tu es tombé depuis quelque temps m'a affligée ; je n'ai pu voir sans chagrin, ton cœur et ton corps brisés l'un et l'autre par une vie dissipée et par l'éloignement de tes amis ; presque tous séparés de toi, Rodolphe, ton intime, est en Afrique.

Rassure-toi, tout a été préparé et disposé dans des vues favorables à ta destinée, par cette providence cachée qui veille sur toi.

La démarche que je fais est volontaire et spontanée.... Tu es impatient d'en savoir le motif ; je vais te le faire connaître.....

Fleurette !....

— Vous la connaissez ?... Lui serait-il arrivé quelque chose ?... Répondez-moi, madame... Aurait-on employé la violence pour nous séparer ?

— Non, je te le jure sur ce que j'ai de plus sacré, sur la mémoire de mon fils ; il n'a été fait aucun mal ; aucune violence à la jeune fille... Crois-en la tendresse que j'ai pour toi... Si tu veux revoir Fleurette heureuse dans un avenir prochain, il faut renoncer à la voir dans le présent.

— Jamais !

— Insensé ! Et si des événements plus forts que ta volonté t'y contraignent ?... Es-tu maître de toi-même ? as-tu oublié que la main qui te soutient peut se retirer ?

— Je n'appartiens à personne, étranger à tout ce qui a

été fait pour ou contre moi, je suis libre de tout engagement.

— Je ne t'ai point parlé d'obligations... je t'ai parlé de la nécessité. Ce qui s'est passé ce soir même, à l'égard de Fleurette, n'est déjà plus à ta portée. Elle est loin de toi.

— On exige donc que je renonce à son amour ?

— On veut, au contraire, que tu le conserves dans ton cœur, comme un dépôt sacré, confié à ton honneur.

— Alors, pourquoi l'enlever à ma tendresse ?

— Pour assurer votre bonheur à tous deux.

— Qui donc a le droit de se mêler de notre bonheur ?

— Ceux qui vous aiment.

— Cessons cet entretien, dit Paul après quelques instants de silence, il me fatigue et m'irrite.

— Je n'ai pas tout dit, et je dois achever.

— Soit ! mais ma patience est à bout.

— Paul ; ce langage n'est pas celui d'un gentilhomme ! c'est une femme qui vous parle !

— Et qui vous a dit que je fusse gentilhomme ?

Ici, le masque parut agité par une légère émotion.

Le domino, un peu remis de son trouble, continua ; mais sa voix n'était plus aussi assurée qu'en commençant...

Cependant, quittant le ton bas et familier, elle cessa de parler à demi-voix ; sa parole devint haute, grave et sonore.

— Celui auquel vous devez tout, dit-elle, et dont plus tard vous connaîtrez la tendre sollicitude, est le plus ancien et le meilleur de mes amis. Croyez-bien, monsieur, qu'il a fallu un tel motif pour me faire accepter le rôle au moins singulier que je joue ici.

Paul s'inclina.

— Je voulais être utile à vous et à Fleurette, que j'ai maintenant plus d'une raison de chérir, comme vous le saurez... Je vous le répète, vous êtes l'objet d'une affection et d'un culte qui va jusqu'à l'adoration.

— Au nom de qui parlez-vous, madame ?

— Au nom de celui qui a tant fait pour vous.

— Pourquoi ce mystère, si ce qu'il fait est bien ?

— L'heure de se montrer n'est pas venue.

— Pour un honnête homme, il n'est jamais ni trop tôt, ni trop tard, pour bien faire.

— Vous ne savez pas de qui vous parlez. Craignez de blasphémer.

— Et vous-même, madame, qui êtes-vous ? Pourquoi vous cacher, si ce que vous dites n'est pas un mensonge comme ce carton qui recouvre votre visage ?

— Monsieur, vous parlez à une femme !... Encore une fois, au nom de tous ceux qui vous aiment et de ceux que vous aimez ; ne précipitez rien, si vous ne voulez tout perdre ! Attendez les ordres...

— Les ordres !... je n'en reçois de personne... Un père seul aurait le droit de m'en donner... Ôtez votre masque, et je vous donne ma parole de gentilhomme, puisque vous me reconnaissez pour tel, de vous obéir en toutes choses.

— Vous me connaissez, monsieur ! il existe même entre nous un rapport secret et cher à vous autant qu'à moi : il

n'est pas temps que mes traits vous aident à découvrir ce
que vous devez encore ignorer.

— Ainsi, autour de moi, tout est obscurité et embûche.

— Adieu, Paul, dit le domino en se levant et lui tendant
une main qu'il serra.

Adieu ! Espoir ! persévérance et succès.

Après avoir prononcé ces mots, malgré l'âge qu'accu-
saient quelques mèches de cheveux grisonnants qui s'échap-
paient de dessous son capuchon, le masque ouvrit la porte
de la loge et disparut comme un sylphe d'Opéra.

Paul connaissait cette voix, mais il ne pouvait se rappeler le lieu où il l'avait entendue.

Il quitta le bal, courbé sous le poids de pensées confuses
et s'agitant dans son esprit, comme ces feux errants qui
sortent, le soir, des profondeurs du marécage et égarent le
voyageur.

Le matin, Paul attendit le jour pour sortir ; son impa-
tience était fiévreuse ; il se leva, s'habilla seul, et, dans
une exaltation extrême, il allait sortir, lorsqu'il s'aperçut
qu'il n'était pas l'heure d'éveiller les personnes qu'il voulait interroger.

Ces espèces de contrariétés ont habituellement peu d'importance ; mais lorsque l'irritation est profonde et générale,
elles causent un étrange malaise, contre lequel on s'indi-
gne tout autant que contre des obstacles sérieux.

Telle était la situation de Paul ; cette longue et pénible
attente avait porté à leur comble ses inquiétudes et ses an-
goisses.

Enfin, le jour lui permit de sortir ; il faisait froid ; sa
poitrine brûlante aspirait l'air glacé qui le frappait au visage ; son pas était convulsif et paraissait étonner les pas-
sants.

Il arriva ainsi à l'atelier que l'on ouvrait, dit son nom,
et demanda à parler à la maîtresse de la maison, mais d'un
ton si rude que la servante hésita à aller avertir mademoiselle, tant ce jeune homme lui faisait peur.

Mademoiselle Adélaïde, la couturière, au nom de Paul, se
leva et parut un peu confuse de se montrer en négligé.

Sans lui laisser le temps de se reconnaître, Paul s'écria
d'un ton violent :

— Qu'avez-vous fait de Fleurette ?

A cette question, la demoiselle répondit en tremblant :

— Le soir, Fleurette a quitté l'atelier, comme à l'ordinaire, et le lendemain, de très-bonne heure, un domestique
en livrée a apporté une lettre sans signature et sans cachet.

Dans cette lettre, on me disait de ne pas m'inquiéter de
Fleurette, fort satisfaite, ajoutait-on, de sa nouvelle position.

— Oh ! les infâmes, s'écria Paul avec rage, ils la calom-
nient !

Il sortit furieux, livré à un transport violent, et descendit l'escalier avec précipitation.

Mademoiselle Adélaïde dit à sa bonne :

— Ce pauvre jeune homme en deviendra fou !

Paul courut tout d'un trait jusque chez Fleurette.

Là il interrogea le portier, toujours avec la même impétuosité, sur ce qu'était devenue la jeune personne qui demeurait dans cette maison.

— Cette petite demoiselle du premier, reprit le concierge,
si jolie et si pimpante ? Ma foi, elle est partie fort joyeuse...

Et d'une voix effrayante, il cria :

— Madame Hubert, viens parler à monsieur !

Celle qu'on venait d'appeler était dans l'escalier, au troisième étage ; elle fut si vite en bas, qu'on put croire qu'elle
avait roulé au lieu de descendre.

C'était une énorme femme.

Le portier, tenant son bonnet d'une main et sa femme de
l'autre, s'avança vers Paul en lui disant :

— Monsieur, j'ai l'honneur de vous présenter madame
Hubert, mon épouse, qui va avoir celui de vous expliquer
cela.

Madame Hubert se rengorgea avant de commencer son
récit :

— Ma bonne dame, dépêchons-nous, lui dit Paul, racon-
tez-moi bien vite ce que vous savez.

La portière, déconcertée par cette apostrophe, perdit toute
contenance et balbutia :

— Une belle voiture est venue ici le mardi matin, hier,
et s'est arrêtée à notre porte.

Le laquais qui était derrière descendit et me demanda si
c'était dans cette maison que demeurait mademoiselle Fleurette.

Je lui ai répondu :

— Oui, monsieur, et je lui ai montré où était l'appartement.

Une heure tout entière s'était passée, lorsque je la vis
descendre ; le domestique allait en avant pour lui ouvrir la
portière et baisser le marche-pied.

Mademoiselle était en grande toilette, à preuve qu'elle
avait son beau cachemire. Elle est montée en voiture, leste,
comme un oiseau, riant et paraissant fort contente.

— Certifié conforme, dit M. Hubert en saluant Paul.

Chacune de ces révélations moqueuses était pour lui un
coup de poignard.

Il demanda à entrer dans l'appartement, espérant y
trouver une lettre.

Il monta.

La petite bonne vint lui ouvrir en riant.

Il s'informa auprès d'elle de ce que sa maîtresse avait
dit en s'en allant, et si elle avait laissé une lettre pour lui.

— Madame, répondit Agathe toujours en riant, ne m'a
rien dit ; mais elle a écrit une lettre avant de partir.

En entrant dans cet asile où il avait passé de si douces
heures avec l'enfant qu'il y élevait, il se sentit ému.

On y retrouvait la recherche d'ordre et de propreté de
celle qui l'habitait.

Le lit était fait, chaque objet et chaque meuble étaient à
leur place.

Sur une console, entre deux vases de fleurs, était posé un
petit billet finement plié et sur lequel on lisait :

POUR PAUL.

On juge de la promptitude avec laquelle ce billet fut pris, décacheté et lu.

Il disait :

« Mon ami,

Si vous saviez ce qui m'arrive, vous vous réjouiriez avec moi. Je suis si heureuse ! Je n'ai que deux gros chagrins : celui de ne pas vous voir et de ne pouvoir vous dire ce qui me rend si contente ; je ne me console qu'en pensant que nous serons bientôt réunis.

« Adieu, mon ami, je vous aime plus que jamais.

« Votre bonne et fidèle,

« FLEURETTE. »

— Elle aussi ! s'écria Paul en froissant avec dépit le pauvre billet qui n'en pouvait mais.

Qui trompe-t-on ici ? Ils sont tous d'accord.

En cherchant Fleurette, il tombait d'énigme en énigme.

Une obscurité de plus en plus épaisse l'enveloppait de toutes parts, sombre et redoutable.

Cette nuit profonde était peuplée de spectres masqués.

Pas une lueur ne rendait ces ténèbres visibles.

Les renseignements qu'il avait recueillis avaient tous une double signification : l'une funeste, l'autre propice ; il n'osait ni choisir, ni deviner.

Il se voyait ainsi condamné au tourment perpétuel de l'incertitude dont il n'apercevait point le terme.

Au milieu de ces perplexités, son valet de chambre lui remit un papier sur lequel était écrit, au crayon, le nom d'une personne qui insistait pour entrer.

C'était Félippo Lodi, le *messager*.

Celui-ci entra, présenta à Paul une lettre, la déposa devant lui et sortit sans prononcer un seul mot, et il se retira après avoir salué aussi longtemps que les muets du sérail.

C'était la première fois que cet homme, qui depuis vingt et un ans était le seul agent de ces relations, s'adressait à Paul ; avant ce voyage, il communiquait avec les instituteurs chargés de l'éducation de l'enfant et de l'adolescent.

Le langage de cette lettre était à la fois plus austère et plus tendre que celui des lettres précédentes.

C'était toujours la même écriture fine et aiguë, comme des pointes d'aiguilles.

Elle était aussi sans signature, et comme les autres rédigée avec le plus grand soin, pour éviter toute expression qui pourrait faire connaître quel caractère avait dans ses relations la personne qui l'écrivait.

- Des félicitations qui paraissaient sincères étaient adressées à Paul, sur la manière dont il avait franchi les premières périodes de l'éducation donnée à son enfance et au commencement de sa jeunesse.

Dans ses excès mêmes, il avait conservé l'attitude d'un homme de naissance ; dans ce contact avec d'autres métaux, l'or était resté pur de tout alliage.

Une autre voie s'ouvrait à lui ; elle était moins dissipée et moins bruyante que celle qu'il venait de parcourir, et aussi plus élevée.

Il ne fallait donc point diminuer les libéralités et l'éclat qui sont la marque d'une noble existence, mais seulement agir dans un autre ordre d'idées.

On se bornait à ces indications, et, pour tout le reste, on s'en remettait à la droiture et à la sûreté de son intelligence.

De la folle et joyeuse compagnie, Paul n'avait vu que ce qui touchait à la bonne société.

Maintenant, il devait chercher dans un monde d'élite ses modèles, ses guides, ses relations et ses appuis.

Il fallait, en un mot, ne rien négliger de ce qui pouvait montrer qu'on était digne d'une haute position.

Le moment était proche où Paul serait mis en possession de tout ce qui assure une condition élevée et comme naissance et comme fortune, et porterait légitimement un nom honoré entre les meilleurs de la noblesse française, par ses services et par son ancienneté.

Il pouvait donc marcher d'un pas ferme et assuré vers la prospérité et l'éclat de ses grandeurs.

C'était la plus douce récompense que pouvait recevoir le dévouement dont il était le constant et cher objet.

Paul se sentit ému en lisant les dernières phrases de cette partie de la lettre.

On lui conseillait d'employer l'été à visiter les contrées où se rendrait le tourisme aristocratique et opulent de la haute société européenne.

Ces rencontres ont une facilité familière d'accès et de relations dont la favorable influence se continue dans le monde des plaisirs brillants de l'hiver.

A l'abri de ces franchises, on ébauche des amitiés considérables.

Sur ce point, on avait une pleine confiance dans son choix.

Il devait comprendre qu'après l'éclat des dernières prouesses des cavaliers dont il avait été le chef reconnu, une absence de quelques mois était devenue indispensable.

Tout était prévu pour qu'il pût tenir un état égal aux personnes considérables dont il désirerait se rapprocher.

Pas un mot ne se trouvait dans cette longue lettre, sur le nouvel attachement qui remplissait le cœur de Paul, et sur la mystérieuse intervention qui contrariait ce premier amour.

Ce silence, au lieu de le rassurer, l'effrayait.

Les éclaircissements qu'il avait attendus de ce message auquel son imagination avait prêté une si haute importance, n'étaient qu'un mystère de plus, dans le cercle magique où il se trouvait enfermé sans pouvoir en sortir.

VI

Une dernière soirée.

De ces fausses confidences qui, par un accord fatal, semblaient s'être réunies pour se jouer de lui, Paul avait cependant tiré une indication précieuse et qui dissipait une partie de ses craintes.

Il était évident que Fleurette ne se trouvait pas entre les mains de ceux dont il dépendait lui-même ; la voir livrée à eux était ce qu'il redoutait le plus.

Un peu reposé de la fatigue morale des deux jours précédents, il reprit ses courses et ses recherches avec une activité renaissante, et les poussa dans toutes les directions.

Chaque soir, il rentrait triste de n'avoir rien découvert. Sa pensée errait, confuse et éperdue au milieu des plus tristes suppositions.

Ce dont il ne pouvait se rendre compte, c'était l'unanimité de tous ceux qu'il avait interrogés, à vanter le bonheur, la fortune et le contentement de Fleurette.

Cette surprenante conformité entre des personnes si diverses, échappait à toute explication.

Mademoiselle Adélaïde, M. et madame Hubert pouvaient avoir sur le succès des femmes et sur leur félicité certaines idées basses et communes, qui voient en beau tout ce qui reluit...

Mais le domino de l'Opéra, mais Fleurette elle-même, qui, sans le savoir, parlaient le même langage, étaient hors du cercle de ces idées du monde commun.

Un soir, Paul revint plus abattu que de coutume, parce qu'il avait poursuivi ce jour-là une espérance qui avait fui et lui était échappée.

Dans une calèche qu'il rencontra aux Champs-Elysées, il crut apercevoir Fleurette avec une femme dont les cheveux gris, le maintien, la mise et d'autres indices lui rappelaient l'intrigue du bal masqué.

Il pensait sans cesse à ce masque mystérieux.

La voiture bien attelée avait dépassé son cheval et filé si rapidement en avant, que, après une longue course, il avait été distancé, tandis que la calèche disparaissait à ses yeux dans le labyrinthe du bois.

L'hiver s'en allait, on était à la fin de mars, et Paul, rentré chez lui, s'avisa que la dernière représentation du théâtre Italien avait lieu ce soir même.

Cette solennité des adieux entre les premiers artistes du monde et un public si bien fait pour les admirer, est un rendez-vous fashionable, auquel un homme du monde ne saurait manquer.

À cette réunion accourt tout ce que la société de ce théâtre, si différent et si loin des autres, compte de personnes distinguées et éminentes.

Paul se disposa à s'y rendre, afin de se soustraire à ses ennuis, et aussi pour faire acte de présence.

Il sonna, fit atteler, s'habilla et se fit conduire aux Italiens.

Paul, arrivé pendant le premier acte, ne voulant déranger personne pour se placer, se promenait dans le corridor de la galerie du foyer.

Il était tout en noir : l'harmonie, la finesse, la perfection, la simple et correcte élégance de toutes les parties de sa mise, rehaussaient les mérites de sa personne.

Jamais Paul n'avait paru plus beau, plus noble et de meilleure grâce que dans ce moment.

En le voyant, on admirait sa jeunesse radieuse et son exquise distinction.

L'acte venait de finir ; la foule, sortie des loges et de la salle, encombrait les corridors et le foyer.

Paul s'aperçut alors qu'il était l'objet d'une curiosité importune, et il allait se retirer vers les escaliers, lorsqu'une femme d'un âge qui touchait à la vieillesse, étincelante de diamants dont la monture prouvait l'ancienneté, et qu'elle portait avec insouciance comme étant accoutumée à cette parure, s'approcha de lui et l'invita, avec une bienveillante politesse, à accepter une place dans sa loge.

Il s'inclina et suivit cette femme, à laquelle donnait le bras un jeune homme de haute stature et d'un maintien qui décelait un caractère altier.

La préoccupation habituelle de Paul parut tout à coup plus violente : il venait de reconnaître la voix du domino et la personne qui le portait.

C'était madame la comtesse de Montauban, la tante de Rodolphe.

En lui demandant des nouvelles de son neveu, le vicomte de Montauban, Paul ne put retenir un sourire, dont l'ironique discrétion fit baisser les yeux à la comtesse, visiblement embarrassée.

On frappa les trois coups, et le rideau qui se leva l'arracha à une situation dont elle sentait la gêne.

Le second acte de la Sémiramide commençait.

La loge de la comtesse avait une réputation de bon goût dans le corps des dilettanti.

Afin de bien juger l'œuvre et l'exécution musicale, on avait adopté un procédé particulier.

Lorsqu'une situation intéressante se présentait, tous les propos étaient suspendus : la comtesse prenait le libretto, résumait la scène en quelques mots clairs et précis, puis on écoutait.

Cette méthode, si simple et si favorable à la sûreté du jugement des auditeurs, venait de Milan et avait été importée de la Scala à la salle française, par une jeune artiste, dont le riche contralto promettait à la scène un sujet de premier ordre.

La donna, que la comtesse appelait familièrement Zanina, assistait à cette représentation.

En elle, tout était italien, depuis sa voix grave jusqu'à sa chevelure noire et épaisse ; le type général de son organisation était une vigueur ardente et impétueuse qu'on retrouvait dans les détails de sa personne.

L'enthousiasme de la jeune cantatrice pour les magnificences de la partition s'exprimait avec une vivacité et un feu dont l'étincelle électrique excitait les sympathies de Paul, qui vibraient à l'unisson avec les élans passionnés de la belle Italienne.

Leurs regards et leur intelligence s'étaient mis en contact par un rapport intime et harmonieux.

Après le spectacle, la société de la loge se rendit tout entière chez la comtesse, où les attendait une société nombreuse et choisie.

Madame de Montauban se rappela seulement alors que dans le trouble où l'avait jetée le regard moqueur de Paul, elle avait oublié de présenter l'un à l'autre les deux jeunes gens qui se rencontraient chez elle pour la première fois.

Elle prit son cavalier par la main, le conduisit vers Paul, et prononça le plus sérieusement possible la double formule sacramentelle :

— Monsieur, je vous présente M. le comte Raoul d'Entreterre.

— Monsieur, je vous présente M. Paul.

Après avoir échangé les saluts d'usage, les deux jeunes gens se séparèrent avec une froideur qui fut remarquée.

On se disait aussi tout bas que le comte Raoul avait trouvé ce prénom de Paul, sans titre et sans nom de famille, un peu sec pour être présenté, et surtout pour lui être présenté.

Paul avait, de son côté, cru s'apercevoir que la manière dont la jeune Italienne s'était montrée envers lui, avait déplu aux empressements dédaignés du comte Raoul.

La cantatrice alla se mettre au piano; ses doigts roulaient sur le clavier, et sa voix modulait doucement l'*in si berbara sciagura*, ce chef-d'œuvre de suave désolation.

Paul était derrière elle, ravi par le caractère de ce morceau, où le divin Rossini a mis tant de larmes, puisées au réservoir du cœur.

Elle le remercia par un doux regard, se leva, s'appuya sur son bras, et tous deux allèrent se mêler à la conversation générale qui s'était rangée en éventail devant la cheminée.

Raoul voyait toutes ces choses, sombre et retiré dans un coin du salon d'où il les observait.

Avec un art qui lui était propre, Paul sut diriger l'entretien vers ses idées, et amena la causerie sur le choix des lieux où les hirondelles des salons iraient chercher le frais, l'ombre, les fleurs, les paisibles loisirs, la liberté, le plaisir et l'amour.

Cette aimable manière de poser la question mit tout le monde en verve d'imagination.

Les régions réelles ne suffirent plus aux extravagances et au dérèglement des idées, on se lança dans les régions fantastiques.

Chacun rêvait tout haut des voyages dans l'azur et à travers l'espace.

Un jeune poète parlait de réaliser un des souhaits de Napoléon qui avait souvent exprimé le désir de goûter le charme de l'amour dans l'air; il ne s'agissait plus pour l'exécution de ce projet que de déterminer une jeune beauté dont il se prétendait adoré, à l'accompagner en aérostat aux plaines de l'infini.

Il était difficile d'assigner un terme à une conversation ainsi lancée.

Les chemins de fer, la vapeur dans toute sa puissance de locomotion, le vol à tire d'aile, le navire aérien, la nacelle dirigée à travers les nuages, comme un char habilement conduit dans la carrière, aucun de ces moyens merveilleux ne suffisait à la rapidité des conceptions enfantées par ce délire de salon.

Les moins emportés parlaient de demander à l'opium, qui était alors une jouissance réservée à quelques sensualistes privilégiés, de conduire leur âme jusque sur les cimes des montagnes célestes et aux pays des anciennes féeries.

Quelques-uns, progressifs et audacieux, invoquaient le secours et l'efficacité d'une substance mystérieuse encore à cette époque, le hatchyh dont s'enivre aujourd'hui la jeunesse blasée, pour se plonger dans une ivresse ravissante et extatique, fatiguée qu'elle est des orgies du monde réel.

Au milieu de ces explosions de démence, un homme grave se leva.

C'était un de ces conteurs ingénieux, spirituels, sceptiques et féconds qui continuaient les mystifications si fort à la mode sous l'Empire, qui les avait reçues des premières années de ce siècle.

Il déclara qu'il pouvait visiter non-seulement les deux mondes, ce qui ne signifiait plus rien maintenant, mais le ciel et la terre, tout l'univers connu et inconnu, par un moyen supérieur à tous les prodiges de l'air, de l'eau et du feu.

Il appartenait, disait-il, à une secte de *Dormans*, dont Charles Nodier, si agréablement célèbre par la naïveté de ses rêveries littéraires, fut longtemps un des pontifes vénérés.

Les adeptes de ce dogme du sommeil prétendaient avoir la faculté de choisir le sujet de leurs rêves, de les commencer, de les interrompre, de les continuer et de les achever, comme l'on fait d'un livre que l'on prend pour s'endormir ou comme le feuilleton-roman que l'on suspend chaque jour par cette simple formule :

La suite à demain.

Les *dormants* se vantaient d'être en communication directe avec les Songes, divinités infernales, selon la mythologie païenne, qui les avait soumis au sommeil.

Dans cette doctrine, les songes se divisaient en deux espèces : ceux qui ne sont que des visions et ceux qui sont des vérités.

Les premiers, selon la Fable, dont les *dormants* adoptaient les fictions, sortaient par une porte d'ivoire, les seconds par une porte de corne, comme dit le poète latin.

Paul et la jeune Italienne, à l'écart, écoutaient avec indifférence ces rêveries renouvelées des Grecs, lorsque tout à coup celle-ci se dressa, dans une attitude inspirée comme celle de Corinne au cap de Misène, et s'écria :

— Venez, Paul, dans notre Italie, non pas celle du Midi, mais celle du Nord.

Là, du pied des Alpes jusqu'à l'Adriatique, depuis Rivoli jusqu'à l'embouchure du Mincio ; depuis Marignano et Crémone jusqu'aux bouches de l'Adige, vous rencontrerez les souvenirs des luttes des Français en Italie, et vous vivrez! François Ier, ses triomphes et ses revers, les armées de la République et celles de l'Empire, Pavie, Marengo, Lodi, Arcole, les traditions de quatre siècles vous parleront de votre grand pays ! De Milan, la cité parisienne de l'Italie, jusqu'à Venise, muette dans ses lagunes, vous visiterez des témoignages illustres et rayonnants de fastes glorieux.

Vous trouverez la contrée la plus fertile du monde, les vergers, les champs, les ruisseaux, tout le paysage fortuné des églogues de Virgile, qui vous accompagneront comme à travers un jardin, jusqu'à Mantoue, la ville du poète immortel !

Les travaux gigantesques de nos guides et nos prairies verdoyantes que l'on fauche en hiver, vous frapperont d'admiration et d'étonnement. De la base du dôme de Milan, jusqu'au fût de la colonne de la Piazzetta où est posé le Lion de Saint-Marc, à Venise, que de merveilles vous attendent ! Vous contemplerez nos lacs limpides et pittoresques ; comme ceux de la Suisse et de l'Écosse ; mais riches de toutes les splendeurs qui encadrent leurs eaux, dans lesquelles se reflètent tant de magnifiques demeures et de chefs-d'œuvre de l'art ; vous admirerez nos îles toujours vertes dont nous sommes si fiers, et qui sont les parures de nos lacs. Sur votre trajet, vous ne rencontrerez pas la foule importune et profane ; mais des intelligences supérieures, éclairées et instruites, et aussi dans nos villas des hôtes illustres, des artistes célèbres, des étrangers de distinction, des talents et des renommées appartenant aux grandeurs de tous les pays.

Paul, venez parmi nous !

Paul, dont le regard brûlait sous ces ardentes paroles, s'associait à ces élans, et on sentait qu'il répondrait à cet appel.

Ces soirées de l'hôtel Montauban furent une des dernières lueurs de cet hiver mémorable.

FIN DE LA PREMIÈRE SÉRIE.

Sceaux. — Typographie de E. Dépée.

www.ingramcontent.com/pod-product-compliance
Lightning Source LLC
LaVergne TN
LVHW052151080426
835511LV00009B/1788